Georg Erwin Thaller

Cyber War

Die unsichtbare Front

Dritte, überarbeitete Ausgabe

Andere *Bücher* aus dem Bereich der Technik
und Gesellschaft vom gleichen Autor:

- ➤ Raketen: Von der V-2 zur Saturn
- ➤ Raumhäfen: Unser Weg ins All
- ➤ Satellitennavigation: Das Global Positioning System (GPS)
- ➤ GSM: Das Mobilfunknetz
- ➤ UMTS: Mobilfunknetz der 3. Generation
- ➤ Spionagesatelliten: Unsere Augen im All
- ➤ Spionageflugzeuge: Von der U-2 zu Drohnen
- ➤ Von Sputnik zu Buran: Die russische Raumfahrt
- ➤ Satelliten im Erdorbit
- ➤ Katastrophen: Von Tschernobyl zum Tsunami
- ➤ Spione und Patrioten: Die US-Geheimdienste
- ➤ FBI: Die US-Bundespolizei
- ➤ MIx: Die britischen Geheimdienste
- ➤ Cyber War: Die unsichtbare Front
- ➤ Chiffren: Die geheimen Nachrichten
- ➤ Innovation: Von der Idee zum Produkt

In peace prepare for war, in war prepare for peace.

Sun Tzu

Inhalt

Vorwort

It is the business of the future to be dangerous. The major advances in civilization are processes that all but wreck the societies in which they occur.

Alfred North Whitehead

In den 1970er und 1980er Jahren waren Hacker oftmals Jugendliche, die in fremde Computer eingedrungen sind, um ihre Neugier über die neue Technologie zu befriedigen. Selten waren sie gefährlich.

Inzwischen hat sich die Situation leider grundlegend gewandelt. Über das Internet dringen Kriminelle in die Rechner von Banken ein, manipulieren Konten und klauen Kunden Geld. Auch die Industrie kann sich nicht sicher sein, dass Spione der neuen Generation auf diese Weise an Neuentwicklungen herankommen wollen.

Es existiert jedoch noch eine weitere Bedrohung: Krieg im Cyber Space. Der Konflikt um Georgien, Angriffe im Baltikum und die Olympischen Spiele in Athen haben aufgezeigt, dass sich bestimmte Mächte [8] bereits für diesen Krieg rüsten. Der Cyber War unterscheidet sich grundlegend von den Kriegen, wie wir sie bisher gekannt haben. Es wird Zeit, sich mit dieser Art der Kriegsführung intensiv auseinanderzusetzen und zu fragen, wie wir uns wehren können.

1 Die Bedrohung

Give us the tools, and we will finish the job.
Winston Churchill

Es ist eine Revolution im Gange, und ein Großteil der Bevölkerung bekommt es gar nicht mit. Software ist in den vergangenen Jahren und Jahrzehnten in alle Bereiche der Technik und des menschlichen Lebens vorgedrungen. Damit wächst unsere Abhängigkeit von Computern und deren Programmen. Die Sicherheit der Programme und deren Daten war dabei bei vielen Anwendungen ein Aspekt, der lange Zeit sträflich vernachlässigt wurde. Das wird sich nun rächen.

Software finden wir in Autos und Verkehrsflugzeugen, sie steuert Ampeln und ist dafür verantwortlich, das Stromnetz zu regulieren. Moderne Fernseher besitzen bereits ein Betriebssystem, und manche Zeitgenossen verzichten beim Telefon inzwischen auf einen Anschluss an das Festnetz der Telekom. Doch Handys stecken voller Software und benötigen zum Verbindungsaufbau eine Basisstation. Was passiert, wenn bei der Love Parade eine Massenpanik ausbricht und Tausende Teilnehmer gleichzeitig telefonieren wollen?

In so einem Fall sind die Grenzen des Systems, die der Anbieter den Kunden natürlich verschweigt, schnell erreicht. Die Basisstation ist überlastet und kann nur einen Bruchteil der Gespräche vermitteln.

Ironischerweise sind es gerade die hochentwickelten Volkswirtschaften und deren Zivilbevölkerung, die durch bei einem Angriff mit Viren und Würmern am stärksten betroffen wäre. Umso stärker moderne Technologie zum Einsatz kommt, desto größer ist das Potential der Ziele für einen möglichen Angreifer. Weniger entwickelte Nationen sind weitgehend immun, weil sie weit geringere Angriffsflächen bieten.

Wenn wir von Cyber War reden, sollten wir zunächst den Begriff klären. Fangen wir mit Cyber Space an. Dieser Ausdruck lässt sich leicht mit dem Telefonnetz erklären. Wenn Sie ein Ferngespräch mit einem Freund in Texas führen, stellt sich die Frage: Wo findet dieses Gespräch eigentlich statt? In Deutschland, in den USA, oder irgendwo dazwischen?

In der Tat ist es so, dass wir den Ort dieses Gesprächs nicht eindeutig festnageln können. Es findet weder diesseits noch jenseits des Atlantiks statt, sondern irgendwo dazwischen. In einem nicht eindeutig bestimmbaren Raum, eben dem Cyber Space. Das mag physikalisch ein Kommunikationssatellit über dem Atlantik sein, oder ein Glasfaserkabel. Wir wissen es im Einzelfall nicht genau.

Weil wir gerade bei Definitionen sind, lassen Sie uns auch gleich den Begriff asymmetrischer Konflikt behandeln. In traditionellen Kriegen, denken wir zum Beispiel an den Ersten Weltkrieg, standen sich zwei hochgerüstete Armeen gegenüber. Es herrschte zwar Krieg, aber die Bevölkerung im Hinterland war davon weitgehend nicht betroffen. Die Front konnte Hunderte von Kilometern entfernt sein.

Dies hat sich mit dem Erstarken terroristischer Bedrohungen in den letzten Jahren geändert. Es gibt keine klar gezogenen Frontlinien mehr. Das Ziel eines Terroristen kann die Kaserne von Streitkräften der US-Armee sein; aber auch deren Botschaft in einem arabischen Land, Soldaten in einem deutschen Verkehrsflughafen oder einfach nichtsahnende Zivilisten in einer S-Bahn.

Der Cyber War kann sich im Bereich bewaffneter Konflikte abspielen wie in Georgien oder im Baltikum, aber auch im Bereich der zivilen Infrastruktur, im Finanzsektor oder in den Computern bestimmter Medien. Die Möglichkeiten sind fast unbegrenzt.

1.1 Techniken und Methoden

Great dancers are not great because of their technique; they are great because of their passion.
Martha Graham

Die Begriffe Viren und Würmer sowie Trojaner finden sich inzwischen in alle seriösen Tageszeitungen, im Rundfunk und im Fernsehen. Natürlich stammt der Begriff Virus ursprünglich aus der Medizin. Allerdings geht ein Virus im Bereich der Software, weil er natürlich ein Programm ist, ganz anders vor als ein lebender Organismus im Bereich der Gesundheit. Die Bedrohung hingegen ist durchaus vergleichbar.

Lassen Sie mich an dieser Stelle gleich einen wichtigen Unterschied zwischen Viren und Würmern erklären: Bei einem Computervirus handelt es sich um ein ausführbares Programm. Es wird also Binärcode verschickt, der auf dem Zielsystem direkt ausführbar ist.

Bei Schadsoftware in der Form eines Wurms wird hingegen Quellcode transportiert. Er ist auf dem Zielsystem nicht direkt ausführbar, sondern muss erst übersetzt werden, bevor er tätig werden kann. Findet sich auf dem befallenen Computer kein geeigneter Compiler zum Übersetzen des Quellcodes, so läuft der Wurm ins Leere.

Weil ein Virus aus ausführbarem Code besteht, muss er sich immer auf ein bestimmtes Objekt, eine bestimmte Umgebung, ausrichten. Microsofts MS-DOS und Windows waren in den vergangenen Jahrzehnten weltweit das vorherrschende Betriebssystem. Aus diesem Grunde haben sich Hacker und andere böswillige Programmierer auf diese Rechner gestürzt. Sie konnten mit reicher Beute rechnen.

Computer, die das Betriebssystem von Apple oder Unix im Einsatz hatten, waren weit weniger durch Viren betroffen, weil ihre Zahl im Vergleich zu Windows relativ gering war. Das heißt auf der anderen Seite natürlich nicht, dass sich Besitzer solcher Geräte vollkommen sicher fühlen sollten.

1.1.1 Viren

A virus is a program that can order a computer to replicate itself.
DALLAS MORNING POST

Obwohl diese Behauptung des Redakteurs der DALLAS MORNING POST sicherlich etwas übertrieben erscheint, die Angst vor Computerviren ist durchaus berechtigt. Ähnlich wie Mikroorganismen im biologischen Bereich sind diese Programme imstande, sich zu vermehren und auf einer Vielzahl von Wirten, sprich Computern, zu verbreiten. Daher ist die Gefahr für Computersysteme und Software durch Viren nicht zu unterschätzen.

Die ersten Anfänge sind mit dem Namen John Conway verbunden.

Er untersuchte das Konzept "lebender Software" im Zusammenhang mit dem Gebiet der Künstlichen Intelligenz in den 1960er Jahren. Bereits der Computerpionier John von Neumann hatte allerdings in den vierziger Jahren des vorigen Jahrhunderts über sich selbst vermehrende Programme spekuliert. Damals nahm das niemand ernst. Schließlich gab es noch nicht einmal leistungsfähige Computer, von Software ganz zu schweigen.

Diese Konzepte wurden in den Labors von AT&T, am Massachusetts Institute of Technology und bei Xerox in Palo Alto, Kalifornien, weiterentwickelt. In AT&Ts Bell Labs fanden nach Feierabend regelrechte Schlachten (core wars) um den Besitz und die Kontrolle über den Computer statt. Ein oder mehrere Spieler versuchten dabei, die Kontrolle über das Programm und den Speicherplatz eines anderen Spielers zu gewinnen. Gelang dies, wurde das Programm des Gegners vernichtet, also gelöscht.

Die Gefahr für andere Computer und Software war durch die Abgeschlossenheit des dabei verwendeten Computers relativ gering. Deswegen tolerierte das Management von AT&T diese Spiele. Lange Jahre waren die dabei verwendeten Techniken und Methoden ein gut gehütetes Geheimnis unter den beteiligten Programmierern.

Erst im Jahr 1983 erwähnte Ken Thomson, einer der Väter von UNIX, anlässlich einer Preisverleihung durch die Association of Computing Machinery (ACM) diese nächtlichen Spiele. Damit war der Geist aus der Flasche.

Die Zeitschrift *Scientific American* veröffentlichte in der Folgezeit einen Artikel über Viren, den jedermann für zwei Dollar käuflich erwerben konnte. Die Folgen ließen nicht lange auf sich warten, obwohl die ersten Viren harmlos waren. Das sogenannte „Cookie Monster" verbreitete sich rasch an den Hochschulen Amerikas.

Dieser Virus brachte sporadisch eine Meldung auf den Bildschirm eines infizierten Computers, die lautete: "I want a cookie!"

Das Cookie Monster war durch die Eingabe des Wortes *cookie* über die Tastatur leicht zu befriedigen. Doch die Technik ließ sich auch für weniger harmlose Zwecke einsetzen. Sie war nun im Besitz vieler Studenten und Programmierer.

Doch lassen Sie uns zunächst die Eigenschaften von biologischen und Computerviren miteinander vergleichen. Dazu eine kleine Tabelle:

Biologischer Virus	Computer-Virus
Attackiert bestimmte Körperzellen	Attackiert das Betriebssystem oder bestimmte Programme und Daten
Modifiziert den genetischen Inhalt der Zelle in nicht vorhergesehener Weise	Modifiziert Programme oder das Betriebssystem des Rechners in der vom Schreiber des Virus beabsichtigten Weise
Neue Viren werden in der befallenen Zelle produziert	Das infizierte Programm erzeugt neue Virenprogramme
Eine infizierte Zelle wird durch einen Virus nur einmal infiziert	Die meisten Viren greifen bereits infizierte Programme und Computer nicht erneut an
Ein infizierter Organismus zeigt manchmal für lange Zeit kein Anzeichen der Krankheit	Das infizierte Computersystem arbeitet unter Umständen lange Zeit fehlerfrei, der Virus bleibt unentdeckt
Nicht alle Körperzellen werden durch den Virus angegriffen	Programme können gegen den Angriff durch bestimmte Viren geschützt werden; vergleichbar mit einer Schutzimpfung
Viren können Mutationen bilden und sind daher schwer zu identifizieren	Manche Virenprogramme verändern sich nach der Infektion

Tabelle 1-1: Vergleich zwischen biologischen und Computerviren

Aus den Eigenschaften der Viren können wir schließen, welches zerstörerische Potential solche Programme besitzen. Lassen Sie uns also zu einer Definition von Viren schreiten. Ein Virusprogramm muss die folgenden Fähigkeiten besitzen:

1. Modifikation anderer Programme durch die Technik, sich an diese Programme zu binden
2. Fähigkeit, Modifikationen an einer Reihe anderer Programme durchzuführen
3. Fähigkeit, bereits früher modifizierte, darunter auch infizierte, Software zu erkennen
4. Fähigkeit, bereits infizierte Programme nicht erneut

anzugreifen
5. Fähigkeit, die oben beschriebenen Fähigkeiten auch zu vererben.

Erfüllt ein Computerprogramm diese Forderungen nicht, dann ist es im strikten Sinn kein Virus. Es kann selbstverständlich trotzdem schädlich sein.

1.1.2 Die Virenplage

Wie zeigt sich ein Virus nun im konkreten Fall? Lassen Sie uns dazu eine Journalistin zu Wort kommen. TIME MAGAZINE veröffentlichte in seiner Ausgabe vom 26. September 1988 unter der Schlagzeile *Invasion of the Data Snatchers* den folgenden Beitrag:
"Joselow arbeitete gerade an den letzten Sätzen eines größeren Artikels, als der unsichtbare Angreifer zuschlug. Sie war für die Wirtschaftsredaktion der Tageszeitung Journal-Bulletin in Providence, Rhode Island, tätig. Sie hatte sorgfältig eine Diskette mit den Recherchen, Notizen, Interviews und Artikeln von mehr als sechs Monaten harter Arbeit in das Diskettenlaufwerk eines PCs in der Redaktion der Zeitung eingeführt. Das gewohnte leise Brummen des Laufwerks wurde plötzlich durch einen hohen Pfeifton unterbrochen. So oft sie auch versuchte, eine Datei auf der Diskette anzusprechen, ihr Computer brachte nur noch die Fehlermeldung: DISK ERROR."
Es war, als wäre der Inhalt der Diskette vollkommen verschwunden. "Ich hatte ein Gefühl von Panik," erinnerte sich Joselow später. "All die Ergebnisse meiner Arbeit waren auf dieser einen Diskette!"
Jeder, der schon einmal umfangreiche Datenbestände verloren hat, kann sich wohl in die Lage von Joselow versetzen. Die Arbeit mehrerer Monate war unwiederbringlich dahin.
Selbstverständlich hätte die Journalistin Datensicherung betreiben sollen. Dann wäre der Schaden vielleicht etwas geringer ausgefallen. Doch das ändert nichts an dem zerstörerischen Werk dieses Virus.
Lassen sie uns einen bekannten Virus aus der Anfangszeit dieser Plage betrachten; den Pakistani-Virus.
Dieses Programm wurde von zwei Brüdern, Amjad Farooq Alvi und Basit Farooq Alvi, in Lahore, Pakistan, geschaffen. Sie machten sich

gar keine Mühe, die Herkunft dieses Virus geheim zu halten. Ihre Adresse und Telefonnummer ist in jeder Kopie des Programms enthalten, wenngleich in verschlüsselter Form. Noch heute gilt dieser Virus unter Fachleuten als eine sehr gekonnte Arbeit.

Die etwas verworrene Logik dieser Brüder aus Pakistan war wie folgt: In einem Land der Dritten Welt, eben ihrer Heimat Pakistan, gilt für Computerprogramme kein Urheberschutz und kein Copyright. Ganz anders in den USA. Dort sind illegale Kopien von Programmen strikt verboten, und Verletzungen des Copyrights werden verfolgt. Unter den Kunden der beiden Brüder waren auch viele Amerikaner. An diese Besucher Pakistans verkauften sie Raubkopien solch damals populärer Programme wie Lotus 1-2-3, Wordstar und WordPerfect.

Es versteht sich, dass die Preise entsprechend niedrig waren, und die beiden Unternehmer machten ein gutes Geschäft mit ihren Kunden aus den Vereinigten Staaten. So ganz gönnten die Pakistani den amerikanischen Studenten die billige Software allerdings wohl nicht. Die Disketten waren mit dem Virus verseucht.

Anders dagegen war die Behandlung der örtlichen Kundschaft aus Lahore. Sie bekamen zwar auch Raubkopien, allerdings ohne den Virus.

Da die Software bei den beiden Brüdern so billig zu haben war, sprach sich die Adresse bei den Amerikanern in Lahore bald herum, und das Geschäft blühte. Die Folgen sollten sich zeigen.

Zurück in ihrer Heimat machten die amerikanischen Kunden der beiden cleveren Brüder in Pakistan weitere Raubkopien ihrer ohnehin sehr billig erworbenen Software und gaben diese Disketten an ihre Freunde und Bekannten weiter. Bald waren viele PCs infiziert. Der Virus befand sich sogar in einem Bulletin Board. Allein in der oben erwähnten Zeitungsredaktion des Journal-Bulletins in Rhode Island wurden mehr als dreihundert PCs lahmgelegt. An der Universität von Delaware mussten etwa 3 000 Disketten untersucht werden, um festzustellen, ob sie durch den Virus verseucht waren.

Niemand vermutete jedoch zunächst einen Virus als Ausfallursache für die Laufwerke der betroffenen Computer. Erst als sich ein begabter Programmierer, Peter Scheidler, daran machte, die mysteriösen Vorfälle zu untersuchen, kam Licht ins Dunkel. Zwar übersah auch er zunächst ein auffallendes Merkmal des Virus, die geänderte Copyright-Notiz, auf der Diskette. Dieser Eintrag lautet bei den infizierten Disketten nämlich *(c) Brain*. Aber solche Einträge überliest man nach einiger Zeit aus lauter Routine.

Das Virusprogramm verändert den *boot sector*, also die Spur Null der Systemdiskette. Es kopiert das eigentlich für das Hochfahren des Computers benötigte Programm auf einen anderen freien Sektor und okkupiert den Sektor Null selbst. Damit bekommt das Virenprogramm beim Einschalten des Computers und Starten des Betriebssystems zunächst einmal die Kontrolle über die Maschine.

Da das normale Boot-Programm etwas später trotzdem ausgeführt wird, bleibt das Vorhandensein des Virus dem Anwender verborgen. Noch dazu verbargen die beiden Brüder aus Pakistan Teile ihres Programms auf Sektoren, die sie als zerstört kennzeichneten. Solche Sektoren werden vom Betriebssystem nach dem Formatieren niemals mehr verwendet. Nur durch Neuformatieren kann ein dort gespeichertes Programm überschrieben werden.

Der Virus hatte also die Kontrolle über das Betriebssystem, und er war gut verborgen und fast nicht aufzufinden. Da der Brain- oder Pakistani-Virus seine Ausbreitung und Vermehrung mittels des boot sectors von Systemdisketten durchführt, werden solche Viren auch als Systemviren bezeichnet. Dies steht im Gegensatz zu Programmviren, die zu ihrer Verbreitung ausführbare Programme benötigen.

Disketten oder Floppies sind natürlich in unseren Tagen kaum noch zu finden, und auch CD-ROMs werden zunehmend seltener. Die damals eingesetzten Techniken zur Verbreitung eines Virus lassen sich jedoch auch bei Memory Sticks anwenden, sind also weiterhin aktuell.

1.1.3 Die Techniken der Virenschreiber

Die Technik der Schreiber von Virusprogrammen ist nicht einheitlich, doch es lassen sich einige Trends identifizieren. Der Pakistani-Brain-Virus benutzte den *boot sector* von Systemdisketten, um die Kontrolle über den PC zu gewinnen. Diese heimtückische Vorgehensweise profitiert von der Tatsache, dass MS-DOS beim Laden zunächst immer abfragt, ob sich eine Diskette im Laufwerk A befindet. Ähnlich verhält sich ein modernes Betriebssystem, wenn ein Memory Stick über die USB-Schnittstelle erkannt wird.

Andere Schreiber von Viren-Software nehmen sich Applikationsprogramme oder Teile des Betriebssystems vor, an die sie ihre Virenprogramme in der einen oder anderen Weise zu binden versuchen. Ein ganz großes Einfallstor für Viren ist natürlich das Internet und die dort herunter geladene Software.

Grundsätzlich braucht ein Virenprogramm einen Markierungsteil, um bereits infizierte Programme im System erkennen zu kennen. Dazu kommen der Kern des Virus und ein Manipulationsteil, der die eigentliche Arbeit beim Angriff auf noch nicht infizierte Programme leistet.

Beim Angriff auf ausführbare Programme oder Kommandoprozeduren sind zwei verschiedene Vorgehensweisen zu unterscheiden: Eine Technik besteht darin, Teile des Anwenderprogramms oder des Betriebssystems durch den Code des Virenprogramms zu überschreiben. Da mit dieser Technik ein Teil des Funktionsumfangs des infizierten Programms verlorengeht, und sich dies in der Regel durch ein verändertes Verhalten des betroffenen Programms zeigt, ist diese Art von Virusprogramm relativ sicher zu identifizieren.

Eine zweite Technik besteht darin, das infizierte Programm so umzustrukturieren, dass seine Funktion nicht beeinträchtigt wird. Ein solcher Virus ist daher viel schwerer zu entdecken.

Die Markierung als infiziertes Programm muss immer am Anfang dieses Programms stehen. Daher muss ein neu zu infizierendes Programm umstrukturiert werden. Dazu ist eine weitere Routine notwendig. Sie kopiert den ersten Teil des zu infizierenden Programms an das Ende des Programms und fügt an dieser Stelle den Code des Virusprogramms ein. Diese Move-Routine kopiert sich daraufhin selbst wiederum an das Ende des manipulierten Programms.

Es ist klar, das ein mit dieser Methode verändertes Programm länger sein wird als das ursprüngliche Programm. Dies bietet natürlich einen Ansatzpunkt für Anti-Viren-Software.

Bei aller Raffiniertheit der Schreiber von Virenprogrammen muss man doch sagen, dass Viren-Software nur solche Dateien eines Computers angreift, die ausführbaren Code enthalten, also durch entsprechende Endungen der Programme zu identifizieren sind.

Diese Methode liegt allerdings ganz im Sinne des Virus. Wie ein lebender Organismus will er ja überleben. Reine Daten können aber durch den Nutzer gelöscht werden, und das würde auch den Virus zerstören. Insofern wird ein Virusprogramm diese Art von Dateien lieber meiden.

Selbst wenn Viren einige Schwachstellen bieten, sie stellen doch die bisher größte Gefahr für die Sicherheit von Software dar. Wie bei einer biologischen Virusinfektion können immer wieder neue Mutationen von Viren auftauchen, und durch ihre massenhafte Verbreitung und ihre Fähigkeit zum Überleben ist ihnen nur sehr schwer beizukommen.

1.1.4 Würmer

The early bird gets the worm.

Steve Kalman

Würmer haben im Gegensatz zu Viren nicht die Fähigkeit, sich in ihrer ursprünglichen Form selbst zu reproduzieren. Darin liegt eine ihrer Schwächen. Andererseits sind Würmer in der Lage, auf den Rechnern verschiedener Hersteller und Betriebssysteme zu überleben. Das können die meisten der bisher entdeckten Viren nicht.

Ein Wurmprogramm ist also Software, die so gestaltet wurde, dass Segmente dieser Software auf verschiedenen Rechnern eines Netzwerks residieren und als Einzelstücke überlebens- und ablauffähig sind. Um tätig werden zu können, muss das Wurmprogramm auf dem befallenen Computer allerdings einen Compiler finden, der den Quellcode übersetzen soll. Ist kein geeigneter Compiler vorhanden, kann der Wurm auf diesem System keinen Schaden anrichten.

Die Möglichkeiten der Wurmprogramme wurden zuerst am bekannten Forschungszentrum Palo Alto Research Center von XEROX in Kalifornien erprobt. Sie können dazu dienen, dass sich neu an ein Netz angeschlossene Rechner selbst identifizieren. Da eine Neukonfiguration eines Netzes bei veränderter Umgebung oft eine langwierige und zeitraubende Angelegenheit sein kann, versprach diese Technik durchaus einen kommerziellen Nutzen.

Leider können Würmer auch zu weniger segensreichen Zwecken eingesetzt werden, wie wir inzwischen wissen.

1.1.5 Trojaner

Equo ne credite, Teucri. Quidquid id est, timeo Danaos, et dona ferentis.
                        Virgil

Diese geradezu klassisch zu nennende Methode der alten Griechen bei der Eroberung Trojas kommt in unserem Jahrtausend wieder zu neuen Ehren. Dabei wird in die Software Code eingefügt, der nicht genehmigte Funktionen ausführen soll. Dieser Code behindert das normale Arbeiten des Programms nicht, er wird unter Umständen auch lange Zeit gar nicht aktiviert.

Trojanische Pferde sind beim Betrug und der Sabotage mit Hilfe der Software eine häufig zu findende Methode. Wegen des Umfangs des Codes bei größeren Projekten sind Trojanische Pferde nur sehr schwer und mit erheblichem Aufwand zu finden. Sie können nicht nur in Applikationsprogrammen, sondern auch in Compilern und in Utilities versteckt sein.

Besonders schlimm wird es, wenn ein Compiler selbst ein Trojanisches Pferd enthält. In diesem Fall besteht die Möglichkeit, alle mit diesem Compiler übersetzten Anwendungsprogramme zu verändern.

Ein in großen Umfang publizierter Fall ereignete sich vor einigen Jahren im US-Bundesstaat Texas. Da das Virusfieber in der Presse im Jahr 1988, drei Jahre nach der eigentlichen Tat, einen Höhepunkt erreicht hatte, genoss der Fall Donald Gene Burleson erhebliche Aufmerksamkeit. Jedoch aus den falschen Gründen: Es handelte sich nicht um einen Virus, sondern um ein Trojanisches Pferd, eine logische Bombe und auch Zeitdiebstahl.

> **Fall 1-1: *Ein Angestellter schlägt zurück [1]***
>
> Donald G. Burleson arbeitete im Jahr 1985 als Systemprogrammierer und Sicherheitsbeauftragter für eine Versicherungsagentur in Texas. Einige seiner Kollegen beschrieben ihn als einen brillanten Programmierer.
>
> Offensichtlich war er ein Anhänger von Irwin Schiff. Dieser Mann wiederum glaubte, dass die Einkommensteuer in den USA

nicht mit der Verfassung im Einklang steht und daher widerrechtlich einbehalten wird. Burlesons Arbeitgeber gewann nun im Laufe der Zeit die Überzeugung, dass sein Computer dazu benutzt wurde, um den Kreuzzug zur Abschaffung der Einkommensteuer zu fördern. Da die Benutzung des Computers für diesen Zweck nicht im Interesse des Unternehmens lag, wurde Donald Gene Burleson gekündigt.

Sein letzter Arbeitstag war der 18. September 1985, ein Donnerstag.

Am darauffolgenden Samstag, den 21. September 1985, hatten die Benutzer des Computers einige Schwierigkeiten. Routinefunktionen konnten nicht mehr aufgerufen werden, und die Privilegien verschiedener Benutzer waren geändert worden. Diese kleinen Ärgernisse eskalierten bald. Schließlich wurde entdeckt, dass 168 000 Sätze einer Kundendatei gelöscht worden waren.

Die Wiederherstellung der Kundendatei aus Sicherungskopien verschlang das gesamte Wochenende. Dabei wurde auch entdeckt, dass sich um drei Uhr morgens an diesem Samstagmorgen ein Unbekannter an dem IBM System/38 eingeloggt hatte. Die Angestellten waren darüber verwundert, denn das Gebäude war während der Nacht abgesperrt, und niemand hätte Zugang zu ihrem Rechner haben sollen.

Doch die Krise war noch nicht vorüber. Als sich am darauffolgenden Montag die ersten Benutzer in das System/38 einloggten, stürzte die Maschine nach etwa zehn Minuten Betriebszeit ab. Die Analyse des Vorfalls zeigte, dass Donald G. Burleson offensichtlich ein Programm geschrieben hatte, das die IBM/38 ausschaltete, wenn eine bestimmte Datei gelesen wurde. Dieses Programm trug das Datum vom 3. September 1985, also etwa drei Wochen vor dem Ausscheiden des Systemprogrammierers. Ein weiteres Programm mit demselben Erstellungsdatum las einen bestimmten Adressbereich. Fand es nicht einen vorher bestimmten Wert, dann würde es nach einem Zufallsprinzip zwei Sektoren auf der Magnetplatte des Rechners löschen. Nach dieser zerstörerischen Tat würde das Programm seinen Namen ändern, um seine Anwesenheit zu verbergen, und sich einen Monat lang ruhig verhalten. Dann würde es erneut versuchen, Dateien zu löschen.

Dieses zweite Programm, eine Zeitbombe, war zum Glück noch nicht aktiv gewesen, als es entdeckt wurde.

Es kostete zwei weitere Tage, um diese Programme zu löschen und das Betriebssystem mit einer unverfälschten Kopie direkt von IBM neu zu generieren. Dann begann die Suche nach dem Schuldigen.

Alle Indizien deuteten auf Donald G. Burleson. Zwar hatte er versucht, seine Spuren zu verwischen. Da er jedoch Systemprogrammierer mit hohen Privilegien im Betriebssystem und gleichzeitig Sicherheitsbeauftragter gewesen war, konnte ihm der Zugang zum Gelände seines ehemaligen Arbeitgebers mit Hilfe eines Nachschlüssels nicht schwergefallen sein. Das *account* des entlassenen Angestellten war unmittelbar nach seinem Ausscheiden gelöscht worden. Dies konnte Donald Gene Burleson jedoch durch das Anlegen weiterer *accounts* unter fiktivem Namen leicht umgehen. Damit hatte er noch vor seinem letzten Arbeitstag alle Vorbereitungen getroffen, um sich an seiner ehemaligen Firma zu rächen.

Donald G. Burleson trug zu seinem eigenen Verderben bei, indem er die Firma USPA wegen nicht berechtigter Abzüge von seinem letzten Gehalt verklagte. Daraufhin erhob USPA Gegenklage und verlangte die Summe, nämlich 120 00 Dollar, die das Wiederherstellen der Funktionsfähigkeit ihres Computers verschlungen hatte.

Noch dazu hatte Texas gerade zu dieser Zeit die gesetzliche Grundlage zur Verfolgung von Straftaten mit Computern verbessert. Der Fall wurde zudem von einem jungen Staatsanwalt bearbeitet, dessen Gattin als Systemanalytikerin für General Dynamics arbeitete.

Donald Gene Burleson fand bei den Geschworenen wenig Sympathie. Er wurde zu einer Gefängnisstrafe von sieben Jahren auf Bewährung und einer Geldstrafe von 11 800 Dollar verurteilt.

Doch auch ganz harmlose Dienstprogramme können als Trojanische Pferde missbraucht werden. Im Frühjahr 1991 wird so das Utility CORET-EST.COM unfreiwillig zum Träger eines böswilligen Programms.

Das Programm verhält sich zunächst ganz normal: Es misst die Geschwindigkeit der Festplatte. Der Benutzer hat also keinen Grund, misstrauisch zu werden.

Unbemerkt davon läuft jedoch eine andere Aktion ab. Das

Trojanische Pferd tauscht den *Master Boot Record* der Festplatte aus. Von nun an wird bei jedem Neustart des Systems der bösartige Kern des Programms in den Hauptspeicher des PCs geladen. Er führt dort zufallsbedingt zwölf Funktionen aus. Diese Eigenschaft gab dem Programm auch seinen Namen: Twelve Tricks.

Das Programm ist ein Trojanisches Pferd, kein Virenprogramm. Es vermehrt sich von alleine nicht. Vielmehr muss zur Verbreitung immer das Hilfsprogramm kopiert werden.

1.1.6 Andere Möglichkeiten der Manipulation

Es gibt eine Reihe weiterer Möglichkeiten, Software zu manipulieren. Erfahrene Hacker und böswillige Programmierer haben sie in ihrem Werkzeugkasten und werden sie nach Bedarf einsetzen. Zu bedenken ist dabei immer, dass bei manchem Angriff der Zeithorizont sehr lange sein mag.

Es kann durchaus vorkommen, dass Schadsoftware jahrelang in einer bestimmten Software verbleibt und erst dann aktiviert wird, wenn das Programm für einen bestimmten Zweck gebraucht wird. Andererseits kann ein böswilliges Programm auch so konstruiert sein, dass es an einem bestimmten Tag aktiviert wird und dann Daten oder Programme zerstört.

1.1.6.1 Data Diddling oder Datenveränderung

The ignoring of data is, in fact, the easiest and most popular mode of obtaining unity in one's thought.
William James

Bereits ein Blick auf die aktuelle Kriminalitätsstatistik wird uns zeigen, dass der Großteil der Straftaten mit Computern relativ selten die eigentliche Programmierung betrifft. Vielmehr werden Schwächen in den Arbeitsabläufen und eine weitverbreitete

Computergläubigkeit ausgenutzt, um an Geld oder Informationen zu kommen.

Die Vorgehensweise der Täter entbehrt dabei oft nicht einer gewissen Kreativität, wie auch der folgende Fall zeigt.

Fall 1-2: Überstunden [1]

Ein Angestellter in der Lohnbuchhaltung ist dafür verantwortlich, die Arbeitsstunden von etwa dreihundert Arbeitern einer lokalen Eisenbahngesellschaft in den USA auf Datenträger zu bringen, die dann von der EDV weiterverarbeitet werden.

Er stellt dabei im Laufe der Zeit fest, dass die Eintragung auf dem Datenträger zwar Name des Arbeiters und Personalnummer beinhaltet, der Computer aber ganz offensichtlich nur die Personalnummer beachtet. Auch um die Adresse des Arbeiters in der Datenbank des Unternehmens zu finden, wird lediglich diese Personalnummer verwendet. Außerhalb der EDV dagegen arbeitet kaum jemand mit dieser Kennziffer.

Der Angestellte macht sich nun die Schwäche des Systems zunutze. Er nimmt die Namen von Arbeitern her, die häufig Überstunden leisten, und macht dafür Einträge in der Lohnabrechnung für die EDV. Allerdings benutzt er dafür seine eigene Personalnummer.

Der Computer stellt ihm über Jahre hinweg prompt und zuverlässig Gehaltsschecks aus, die er bei seiner Bank einlöst. Der Betrug fliegt erst auf, als jemand das ungewöhnlich hohe Einkommen dieses Angestellten auf seiner Steuererklärung misstrauisch macht.

Aber auch Banken sind durch diese relativ simple Masche schon um erkleckliche Summen ärmer geworden.

Fall 1-3: Geld einsammeln [1]

Der Täter eröffnet bei der Filiale einer bekannten Bank in den USA ein Girokonto. Er zahlt auch einige Tausend Dollar ein, um seine Kreditwürdigkeit zu demonstrieren.

Nach einigen Wochen bekommt er die Scheckformulare für sein Konto und auch eine Reihe Einzahlungsbelege für Schecks, mit denen er erhaltene Schecks bei seiner Bank einlösen kann.

Dazu muss man wissen, dass in den Vereinigten Staaten Überweisungen weit weniger häufig sind als in der Bundesrepublik. Das Gehalt wird meist wöchentlich oder monatlich durch einen Scheck (pay cheque) ausbezahlt.

Der neue Bankkunde weiß, dass die Bank die eingehenden Schecks zur Verrechnung auf die Konten der Kunden anhand der magnetischen Schriftzeichen am unteren Rand des Einreichungsformulars identifiziert. Zwar gibt es auch die Möglichkeit, handschriftlich Zahlen einzugeben, aber die große Masse der Schecks wird über diese magnetische Schrift verarbeitet.

Der Täter geht nun mit seinen neu erworbenen Einreichungsbelegen zu einem Drucker und lässt sich Vordrucke ohne Namenseindruck herstellen. Allerdings achtet er darauf, dass diese Vordrucke alle seine Kontonummer in Magnetschrift enthalten.

Mit diesen Einreichungsformularen macht er sich auf den Weg in die Bankfiliale. Dort hält die Bank für ihre Kunden, die den Einreichungsbeleg mit ihren Namenseintrag vergessen haben, an einem Stehpult neutrale Vordrucke bereit. Diese Vordrucke tauscht der Täter gegen die von ihm manipulierten Formulare aus.

So gut, so schön: Die Kunden der Bank bedienen sich der Formulare. Der Angestellte der Bank am Schalter wirft routinemäßig einen kurzen Blick darauf. Er achtet aber vor allem darauf, dass der Scheckbetrag und der Eintrag im Formular übereinstimmen. Dann nimmt eine alltägliche Prozedur ihren Lauf. Eine Maschine sortiert alle Belege mit Magnetschrift aus, und der Scheckbetrag wird dem Konto des Kunden gutgeschrieben.

Der Betrüger sammelt auf seinem Konto fleißig Geld ein, das gar nicht für ihn bestimmt war. Bis die betrogenen Kunden sich über die nicht verrechneten Schecks beschweren, vergehen einige Wochen. Inzwischen ist der Betrüger mit seiner Beute von über 100 000 Dollar längst untergetaucht.

Bei Computerbetrug handelt es sich also oft umso einfache Tricks, dass man es zunächst gar nicht glauben will. Trotzdem sind auf diese Weise hohe Beträge erschwindelt worden. Zu Lasten der ehrlichen Kunden, denn letztlich mindern solche Verluste die Erträge der Bank.

1.1.6.2 Zeitdiebstahl

„Denkst du an die Zeit, Alex? Sie vergeht. Das ist der Sinn der Zeit."
Bette Davis in „Opfer einer großen Liebe"

Computer sind für ein Unternehmen eine Investition wie andere
Maschinen auch. Insofern müssen sie abgeschrieben werden, und für
ihre Benutzung wird eine bestimmte Summe in Rechnung gestellt.
Dies geschieht bei großen Computerzentren meist auf der Basis der
verbrauchten Rechenzeit. Andere Kosten, wie zum Beispiel Strom
und das Gehalt des Operators, kann man ebenfalls auf die CPU-Zeit
umlegen.
   Hier nun ein Fall, der in der Wirtschaft gar nicht so selten sein dürfte,
obwohl es sich oftmals nur um Bagatellen handelt.

Fall 1-4: Rechnen auf eigene Rechnung [1]

Die interne Revision eines Unternehmens widmet sich endlich
auch der EDV, die den Ruf eines Staates im Staate genießt.
   Es wird eine einfache Liste aufgestellt, in der der Umsatz pro
Filiale und die verbrauchte CPU-Zeit der jeweiligen Rechenanlage
eingetragen werden. In der vierten Spalte wird aus CPU-Zeit und
Umsatz durch Division eine Kennzahl gebildet.
   Zwei Außenstellen fallen ganz offensichtlich aus dem Rahmen.
Bei der einen Filiale wird die CPU-Zeit nicht ordnungsgemäß er-
mittelt. Sie scheidet daher zunächst aus. Im zweiten Fall müssen
weitergehende Ermittlungen durchgeführt werden. Schließlich
stellt sich heraus, dass der Rechenzentrumsleiter der besagten
Filiale für Fremdfirmen Datenverarbeitungsarbeiten beträcht-
lichen Umfangs auf dem Rechner des Unternehmens durchgeführt
hat. Der Schaden beläuft sich auf 160 000 D-Mark.

Natürlich ist auch das Eindringen von Hackern in Computersysteme
immer mit Zeitdiebstahl verbunden, denn schließlich sind diese
Hacker keine berechtigten Benutzer des Systems. Zeitdiebstahl ist
aber, solange er nicht systematisch betrieben wird wie in dem ge-
schilderten Fall, kaum mit Verlusten großen Ausmaßes für die
Betreiber der EDV-Anlage verbunden.

1.1.6.3 Salamitaktik

We have met the enemy, and he is us.
                                    Pogo

Bei der Anwendung der Salamitaktik handelt es sich um das Beiseite bringen relativ kleiner Beträge, so dass die einzelne Tat kaum in Betracht fällt. Manchmal handelt es sich nur um Cents, oder gar um Bruchteile davon. Darüber wird sich kaum ein Bürger in unserer Wohlstandsgesellschaft groß aufregen. Über solch kleine Fehler, vielleicht sind es ja nur Rundungsfehler, sehen wir doch großzügig hinweg.
  Trotzdem kann die systematische Anwendung der Methode zu ganz erklecklichen Summen führen. Zudem ist der Betrug sehr schwer zu entdecken und nachzuweisen. Dazu der folgende Fall aus dem Bankwesen:

Fall 1-5: Es läppert sich so zusammen [1]

Ein Programmierer bei einer Bank in den USA beschließt, den bei der Abrundung auf ganze Cents verbleibenden Rest bei den Zinsberechnungen bei Kundenkonten der Bank in die eigene Tasche zu stecken. Zu diesem Zweck richtet er ein Kundenkonto mit dem fiktiven Namen Zwaine ein, das als letztes Konto unter den Kundenkonten des Instituts erscheint. Darauf bucht er regelmäßig die Rundungsdifferenzen. Ab und zu transferiert er die aufgelaufenen Beträge auf sein eigenes Girokonto.
  Der Schwindel fliegt auf, als die Marketingabteilung für Werbezwecke den ersten und letzten Kunden im Alphabet unter den Kunden der Bank einen Preis überreichen will. Leider war Mr. Zwaine nicht auffindbar, und der Bankdirektor konnte ihm seinen Preis nicht persönlich überreichen.
  Über das Ausmaß der abgezweigten Gelder bewahrte die Bank Stillschweigen.

Der Vorfall ist auch deswegen interessant, weil man natürlich fragen muss, wer die Rundungsdifferenz einsteckt, wenn alles mit rechten Dingen zugeht.

Eine andere Variante der Methode besteht darin, die Konten der Kunden einfach um kleine Beträge, zum Beispiel zehn oder zwanzig Cents, zu plündern. Der Täter spekuliert in diesem Fall einfach darauf, dass sich deswegen niemand beschweren wird.

Die Salamitaktik lässt sich nur äußerst schwer nachweisen, denn das Verschwinden derart kleiner Beträge ist auch mit doppelter Buchführung und anderen Kontrollen nur schwer nachzuweisen. Außerdem erschwert die Zahlendarstellung in digitalen Rechenmaschinen den Nachweis im Einzelfall, besonders beim floating-point-Format. Eine gewisse Ungenauigkeit der Rechnung ist bei allen Computern vorhanden, obwohl sich die wenigsten Benutzer dessen bewusst sind.

1.1.6.4 Trapdoors

If builders built buildings the way programmers write programs,
then the first woodpecker that came along would destroy civilization.
Weinberg's Law

Trapdoors, auf Deutsch also Falltüren, sind zunächst einmal Hilfen für den Programmierer und Tester, um das Programm während der Entwicklung austesten zu können. Insoweit stellen sie zusätzliche Funktionen für Testzwecke dar. Dagegen ist nichts einzuwenden, denn nur ausgetestete Programme sind zuverlässig.

Nach der Testphase sollten diese Funktionen allerdings entfernt werden. Dies geschieht aus Nachlässigkeit, Zeitmangel oder Vergesslichkeit oft nicht.

Zum einen ist ein kommerzielles Programm nie so ganz fertig, was die vielen Versionen gängiger Software-Pakete beweisen. Zum anderen sind die Schöpfer der Programme daran interessiert, noch einen Eingang in ein freigegebenes Programm zu besitzen, und sei es ein Nebeneingang.

Trapdoors haben auch ein Equivalent auf der Hardware-Seite. Auch Mikroprozessoren besitzen manchmal Instruktionen, die in keinem

Handbuch dokumentiert sind.

Solange das Wissen über diese Nebeneingänge zu den Programmen auf wenige Personen begrenzt ist, hält sich auch die Gefahr des Missbrauchs in Grenzen. Leider verbreiten sich solche Nachrichten schnell, und damit ist auch dem Missbrauch Tür und Tor geöffnet.

1.1.6.5 Zeitbomben

Zeitbomben oder *logic bombs* sind Instruktionen in Computerprogrammen, die entweder periodisch oder zu einem bestimmten Zeitpunkt aktiviert werden, um dann ihr zerstörerisches Werk zu verrichten. Hier ein Beispiel:

Fall 1-6: Eine Zeitbombe [1]

Ein Programmierer, der von seinem Arbeitgeber entlassen wurde, baut in ein Programm eine Reihe von Befehlen ein, die das Datum abfragen. An einem bestimmten Tag, mehrere Jahre nach seinem Ausscheiden aus der Firma, zerstört sich das Programm dadurch selbst.

Durch diesen Racheakt wird das Großrechenzentrum des Unternehmens mit mehr als dreihundert Terminals für einige Tage lahmgelegt.

Auch Zeitbomben sind schwer zu entdecken, da sie die normale Funktion des Programms zunächst in keiner Weise beeinträchtigen. Werden sie erst aktiv, ist es für Gegenmaßnahmen meist zu spät.

1.1.6.6 Asynchronous Attack

Bei dieser Methode macht sich der Täter die Tatsache zunutze, dass viele Operationen des Betriebssystems eines Computers asynchron ablaufen. Eine Reihe von Benutzern will zum Beispiel eine bestimmte Liste ausdrucken lassen, es steht aber nur ein Systemdrucker zur Verfügung. Daher stellt das Betriebssystem diese Druckaufträge nach einem bestimmten Schema in eine Warteschlange und arbeitet sie der Reihe nach ab. Während der Wartezeit im Hauptspeicher des Computers besteht die Möglichkeit, diese Daten zu manipulieren. Obwohl das Betriebssystem auch die Aufgabe hat, die verschiedenen Benutzer und ihre Programme und Daten voneinander abzugrenzen und vor Übergriffen auf fremde Daten zu schützen, so erfordert die Kommunikation der einzelnen Prozesse oft doch gemeinsame Datenbereiche. Damit ist das Sicherheitskonzept bereits entscheidend geschwächt.

Lassen Sie uns das an einem Beispiel demonstrieren:

Fall 1-7: Gehaltserhöhung [1]

Frau Engelhardt ist Operator im zentralen Rechenzentrum der Firma. Dort werden unter anderem auch die Monatsgehälter für die Angestellten des Unternehmens berechnet.

Das Rechenzentrum arbeitet im Schichtbetrieb, um den IBM-Rechner des Unternehmens voll auszulasten. Gegen Ende April 1990 fährt Frau Engelhardt wieder einmal den Job zur Berechnung der Gehälter. Sie hat Spätschicht.

Kurz vor Ende ihrer Schicht überprüft sie die Ergebnisse. Die Summe der Bruttogehälter stimmt mit der Zahl überein, die sie von der Personalabteilung erhalten hat. Sie nickt zufrieden und gibt eine entsprechende Antwort in ihr Terminal ein.

Damit ist der Job allerdings noch nicht zu Ende. Ausgedruckt werden die Gehaltsabrechnungen erst dann, wenn auch die Geschäftsleitung ihre Zustimmung gegeben hat. Dazu muss der Leiter der Finanzabteilung auf dem Terminal in seinem Büro das Ergebnis der Berechnung genehmigen. Frau Engelhardt hält das zwar für eine reine Formsache, aber ausdrucken kann sie die Gehaltslisten in ihrer Schicht nicht mehr. Das wird der Kollege in der Frühschicht tun. In der Finanzabteilung beginnt die Arbeit am Morgen kaum vor acht Uhr.

Im August jedoch muss Frau Engelhardt wegen der Urlaubszeit auch einmal die Frühschicht übernehmen. Sie schaut sich einige der Gehaltszettel an, obwohl sie das eigentlich nicht soll. Einige der Mitarbeiter kennt sie persönlich. Da interessiert es sie schon, was diese Kollegen so verdienen.

Dabei fällt ihr auf, dass Herbert Groß fast siebentausend Mark überwiesen bekommt. Das ist ein Bruttogehalt von über zehntausend Mark. Sie pfeift leise vor sich hin.

Herbert Groß war bis vor einem Jahr in der EDV. Er muss auch einmal am Programm für die Gehaltsabrechnung herumgewerkelt haben, fällt ihr ein. Inzwischen ist er im Einkauf. Eine Gehaltserhöhung hat er bei der Versetzung sicher bekommen, überlegt sie. Aber gleich so viel?

Frau Engelhardt geht auf jeden Fall gleich zu ihrem Chef und verlangt eine Gehaltserhöhung. Wenn der Herbert Groß im Einkauf so ein Traumgehalt verdient, dann ist sie auf jeden Fall unterbezahlt.

Ihr Chef hört sich ihre Beschwerde aufmerksam an und lässt sich dann den Ausdruck zeigen. Er schüttelt den Kopf. "So viel verdiene nicht mal ich", sagt er daraufhin und schüttelt erneut ratlos den Kopf. Er tätigt allerdings eilig ein paar Anrufe, nachdem Frau Engelhardt gegangen ist.

Die anschließende Untersuchung des Vorfalls zeigt, dass Herbert Groß vor seinem Ausscheiden aus der EDV das Programm zur Gehaltsabrechnung so manipuliert hat, dass er die Daten nach der eigentlichen Berechnung, aber vor dem Ausdrucken der Gehaltszettel noch verändern kann. Dazu hat er diese Daten in einen COMMON-Bereich gestellt. Diesen Datenbereich kann er auch von seinem Terminal im Einkauf aus ansprechen. Das macht er, bevor der Leiter der Finanzabteilung die Gehälter zur Auszahlung freigibt.

Die Firma handelt prompt. Herbert Groß wird fristlos entlassen.

Dieser Fall wurde nur durch Zufall aufgedeckt. Wäre die Operatorin nicht neugierig gewesen, hätte der Betrug noch lange andauern können.

Man muss sich darüber im Klaren sein, dass manche Dateien in der kommerziellen Datenverarbeitung ziemlich groß sind. Ein deutsches Kaufhaus hat etwa 80 000 Artikel in seiner Lagerdatei. Die Kunden- und Lieferantendateien bedeutender Firmen dürften denselben Umfang besitzen. Ein einzelner falscher Datensatz fällt da kaum auf.

1.1.6.7 Superzapping

Das Verfahren bekam seinen Namen durch ein Systemprogramm von IBM, das es erlaubte, alle Sicherungen des Betriebssystems in Bezug auf die Veränderung von Daten und Programmen zu umgehen. Es ist durchaus üblich, während der Entwicklung eines umfangreichen Betriebssystems solch ein Werkzeug zu schaffen.

Da die Mechanismen zum Schutz der Datenbereiche der verschiedenen konkurrierenden Prozesse getestet werden müssen, und diese Tests auch vorbereitet sein wollen, ist solch ein Instrument durchaus sinnvoll.

Allerdings sollte solch ein Werkzeug niemals in die Hände von Anwendungsprogrammierern oder anderer Benutzer des Systems geraten. Kommt solch ein Systemprogramm in die falschen Hände, kann ganz erheblicher Schaden damit angerichtet werden.

Anders ausgedrückt, ist so ein Programm wie der Generalschlüssel zu einem Gebäudekomplex. Wer das Programm kennt, dem stehen alle Türen eines Systems offen.

Leider sind Tools wie Superzap bei der Auslieferung des Betriebssystems oft noch vorhanden, und die Mitarbeiter der Computerhersteller im Support wissen dies.

Gerade bei Banken sind durch die unberechtigte Anwendung von Superzap erhebliche Schäden entstanden. Die Unterschlagung lässt sich zudem schwer nachweisen, da alle vorhandenen Sicherungen des Betriebssystems umgangen werden.

1.1.6.8 Scavenging

F. Scott Fitzgerald: „The rich are very different from you and I, Ernest."
Ernest Hemingway: "Yes. They have more money."

Der Ausdruck bezeichnet ursprünglich einen Strandraub. In alten Zeiten war es durchaus üblich, dass die Küstenbewohner die Schätze eines auf ein Riff geratenen Schiffes, die an Land geschwemmt

worden waren, einfach einsammelten. Nicht viel anders gehen die
Täter beim "Strandraub" in unserer Zeit vor.

Auf einem Computersystem befinden sich fast immer Daten, die
zwar im Prinzip nur temporärer Natur sind, allerdings doch relativ
lange im Haupt- oder Massenspeicher bleiben. Dazu gehören zum
Beispiel Daten in Warteschlangen für die Drucker, in Puffern aller Art
und für das Löschen freigegebene, aber noch nicht gelöschte
Programme.

Auch auf der Platte eines Systems finden sich in der Regel viele
Daten, die eigentlich gelöscht werden könnten, etwa temporäre
Dateien. Gerade zum Sortieren oder Mischen legt man oft solche
Dateien an. Sie bleiben solange erhalten, bis das Programmpaket
erneut aufgerufen wird. Erst zu diesem Zeitpunkt wird der Inhalt über-
schrieben. Derartige Dateien bilden daher einen Ansatzpunkt für alle
Eindringlinge in Computersysteme, deren Ziel das Kopieren von
Daten ist.

Scavenging hat allerdings auch eine physikalische Komponente. Es
ist auch möglich, Programmlisten oder Ausdrucke mit Daten aus der
EDV einfach durch das Durchsuchen des Mülls zu finden. Auf diese
Weise lassen sich manchmal auf recht billige Art und Weise wertvolle
Erkenntnisse gewinnen.

1.1.6.9 Simulation und Modellbildung

Any sufficiently advanced technology is indistinguishable from magic.
Aus Murphy's Computer Law

Obwohl man bei Simulation zunächst gar nicht an eine miss-
bräuchliche Verwendung denkt, eignet sich die Methode bei näherer
Betrachtung vorzüglich.

Wie kann denn der Benutzer am Terminal eines größeren Computer-
systems jemals sicher sein, dass die vom Rechner auf seine Eingaben
hin gelieferten Ergebnisse wirklich richtig sind?

Im Grunde kann er oder sie das nicht, denn der Rechengang des
Computers lässt sich für den einzelnen Endbenutzer gar nicht nach-
vollziehen. Solange die Ergebnisse plausibel erscheinen, wird der

Benutzer sie wohl als richtig betrachten.

Hier liegt die Gefahr. Die vom Rechner dargestellten Ergebnisse können nämlich durchaus auch simuliert sein. Markus Hess, der Hacker aus Hannover, hat sich der Simulation [1] bedient, um an unverschlüsselte Passwörter zu kommen. Im Betrugsfall Equity Funding wurde die Technik im großen Stil eingesetzt, um nicht vorhandene Versicherungsverträge vorzutäuschen. Auch Kriminelle benutzen diese Technik, wenn sie über das Internet auf den PC eines Bankkunden kommen und dort mit einer entsprechend gestalteten Maske nach vertraulichen Daten oder Passwörtern fragen.

Das Potential zum Missbrauch des sehr nützlichen Werkzeugs Simulation ist also durchaus vorhanden.

1.1.6.10 Batch-Dateien

Batch-Dateien werden auf vielen Rechnern verwendet, um einfach Funktionen zu realisieren. Dazu zählt zum Beispiel das Kopieren einer wichtigen Datei oder das Einfügen des aktuellen Datums. Im Bereich des PC werden solche ausführbaren Dateien zum Beispiel verwendet, um einen in Deutschland verwendeten Computer klar zu machen, dass bei der Tastatur der deutsche Zeichensatz mit Umlauten verwendet werden soll.

Das ist alles Routine, und der Nutzer eines PC kann damit arbeiten, ohne jemals bewusst mit Batches in Berührung zu kommen. Die Crux liegt darin, dass Batch-Dateien im Gegensatz zu Programmen interpretiert werden, also keinen direkt ausführbaren Code enthalten.

Ein Hacker kann sich das zu Nutze machen. Wenn er in eine Batch-Datei eine Zeile einfügt, die ein von ihm auf den Computer installiertes Programm aufruft, werden das viele Nutzer kaum bemerken. Die Batch-Datei tut weiterhin dass, wozu sie geschaffen worden ist. Nur ein wenig mehr.

1.1.6.11 Denial of Service

The value of achievement lies in the act of achieving.

Albert Einstein

Bei einer Attacke, die als Denial of Service (DOS) bezeichnet wird, soll ein Computer oder Server so viele Arbeiten erledigen, dass er unter der Last der Aufgaben bald zusammenbrechen wird und außer Betrieb geht. Diese Attacke wird vielfach aus dem Internet kommen.

Eine Variante von DOS nennt sich Distributed Denial of Service (DDOS). Dabei wird eine Vielzahl von Rechnern, die ein Hacker vorher unter seine Kontrolle gebracht hat, für den Angriff eingesetzt. Diese gekaperten Rechner werden als *Bots* bezeichnet, eine vom tschechischen Wort für Roboter abgeleitete Bezeichnung. Bei einer Vielzahl solcher Rechner spricht man von einem Bot-Netz.

Gegen DDOS gibt es kaum eine wirksame Verteidigung. Schon gar nicht, wenn der Angriff aus heiterem Himmel erfolgt und der Betreiber des Rechenzentrums oder Server-Farm nicht mit einer derartigen Attacke gerechnet hat.

2 Die neue Front

He who knows when he can fight and when he cannot will be victorious.
    Sun Tzu

Bis vor wenigen Jahren hat man sich im Bereich der westlichen Welt darauf beschränkt, Angriffe auf Rechner und Computerzentren abzuwehren. Inzwischen ist das Potential der Bedrohung, die von derartigen Attacken ausgehen kann, allerdings erkannt worden. Dementsprechend wurden, in erster Linie im Bereich des Militärs, Gruppen von Programmierern organisiert, die selber Angriffe vorbereiten und starten können. Ob das die richtige Strategie für eine hochentwickelte Volkswirtschaft sein kann, muss allerdings hinterfragt werden.

Von Generälen kann man gelegentlich den Spruch hören: „Wir bereiten uns immer auf den letzten Krieg vor." Das ist verständlich. Man analysiert den letzten Krieg und versucht, daraus Schlüsse zur Verbesserung zu ziehen. Leider sind zu Beginn des zweiten Jahrtausends christlicher Zeitrechnung einige Entwicklungen zusammengekommen, die es recht unwahrscheinlich erscheinen lassen, dass wir mit der aufgeführten Vorgehensweise Erfolg haben werden.

Betrachten wir diese Entwicklungen und Trends im Detail:

1. Vordringen der Software in alle Bereiche der Technik und des menschlichen Lebens
2. Nutzung des Internets und seiner Protokolle
3. Erstarken des Terrorismus
4. Asymmetrische Kriege, Veränderung der Kriegsführung

Weil Software inzwischen in alle Bereiche der Technik und des menschlichen Lebens vorgedrungen ist, sind die Gesellschaften der westlichen Industrienationen anfällig für Angriffe, die aus dem Cyber Space kommen. Dies wird begünstigt durch die weitverbreitete Nutzung des Internets. Mit seinen Glasfasernetzen und Kommunikationssatelliten bietet es die Autobahnen, auf denen die Attacken vorgetragen werden können.

Im Gegensatz zu früher ausgetragenen Kriegen wissen wir in vielen Fällen nicht mit letzter Sicherheit, wo der Feind physikalisch sitzt. Wir mögen vermuten, dass der Angriff aus einem bestimmten Land kommt, wir können über Motive spekulieren. Aber eine lückenlose Beweisführung wird nicht immer möglich sein.

Zu Beginn dieses Jahrtausends hat der Angriff auf das World Trade Center in New York gezeigt, dass eine relativ kleine Gruppe entschlossener Terroristen eine Weltmacht wie die USA empfindlich treffen kann. Die verwendeten Waffen, also Verkehrsflugzeuge, hat dabei der Gegner selbst gestellt. Das Angriffsziel war nicht in erster Linie das Pentagon, sondern das Finanzzentrum im südlichen Manhattan.

Asymmetrische Kriege sind gekennzeichnet durch das Fehlen einer leicht zu identifizierbaren Frontlinie. Es kämpfen keine zwei Heere gegeneinander. Der Feind kann überall sein. Er versteckt sich hinter Zivilisten, ist sehr beweglich und kann sich in Rückzugsräume zurückziehen, die schwer zu orten und einzunehmen sind. Solche Kriege erfordern gänzlich neue Fähigkeiten von den Soldaten, unter Umständen sind Soldaten im hergebrachten Sinn gar nicht einsetzbar.

In den USA wurde seit dem Manhattan-Projekt, also dem Bau und dem Einsatz der Atombombe, immer die Doktrin verfolgt, das Leben US-amerikanischer Staatsbürger so weit wie immer möglich zu schützen. Das galt für Wehrpflichtige. Es gilt auch jetzt für eine Armee von Freiwilligen. Deswegen ist der Einsatz von Unmanned Aerial Vehicles (UAVs) in Pakistan, in Afghanistan und im Jemen nur folgerichtig. Es kann durchaus sein, dass herkömmliche Kampfflugzeuge in Zukunft keine große Rolle mehr spielen werden.

Zusammen genommen begünstigen die oben aufgezeigten vier Entwicklungen einen Cyber War. Also einen mit ungewöhnlichen, bisher nicht eingesetzten Mitteln, geführten Krieg, um den Gegner zu besiegen.

Bis vor wenigen Jahren beschränkte man sich in der westlichen Welt bei Hackerangriffen auf die Verteidigung der eigenen Ressourcen. Das hat sich inzwischen geändert. Getreu der alten militärischen Weisheit, wonach ein Angriff zuweilen die beste Verteidigung darstellt, beschäftigt man im Pentagon inzwischen auch Programmierer, die für den Angriff auf feindliche Ziele zuständig sind.

Es hatte eine Reihe von Angriffen auf Ziele in den USA gegeben. Als Täter [12] vermutete man Hacker aus China, die im Auftrag der

Regierung unterwegs waren. Dabei ging es um massive Angriffe chinesischer Hacker während des Wahlkampfs zwischen John McCain und Barack Obama im Jahr 2008. Die Hacker drangen in die Laptops von Beratern der beiden Kandidaten ein und kopierten Strategiepapiere sowie private E-Mails. Das FBI entdeckte diese Angriffe im Lauf des Sommers, war aber offensichtlich nicht in der Lage, sie zu stoppen.

McCain entwarf im Lauf des Wahlkampfs einen Brief an Ma Yingjeou, den neuen Premierminister in Taiwan. Darin versicherte er den Beistand der USA für die, nach Ansicht Pekings, abfällige Provinz und versprach, bei der Modernisierung der Streitkräfte behilflich zu sein. Noch bevor dieser Brief überhaupt veröffentlicht werden konnte, beklagte sich ein chinesischer Diplomat an der Botschaft in Washington bei einem Berater McCains über dieses Schreiben.

Barack Obama bezog sich am 29. Mai 2009 auf diese Attacken, als er eine neue Politik in Bezug auf Cyber Security ankündigte. Deswegen stand die Sicherheit gegen Angriffen aus dem Cyberspace ganz oben auf der Tagesordnung, als sich Barack Obama im Juni 2013 mit dem chinesischen Premierminister Xi Jinping in Kalifornien traf.

Der Chinese hörte höflich zu, bestritt allerdings, dass Hacker im Auftrag seiner Regierung für diese Attacken verantwortlich wären. Nun erwartete man seitens der internationalen Öffentlichkeit eigentlich, dass die US-Regierung geeignete Maßnahmen zum Stopp dieser Angriffe starten würde. Doch es trat etwas ein, womit weder in Washington noch in Peking jemand gerechnet hatte.

Edward Snowden, der in Hawaii für die NSA gearbeitet hatte, floh im Sommer des gleichen Jahres in die Sonderwirtschaftszone Hongkong. Dort enthüllte er am 9. Juni 2013 seine Identität und stellte umfangreiches Material über die Tätigkeit der National Security Agency zur Verfügung. Das FBI verfolgte ihn wegen Geheimnisverrat und Spionage.

Ein begabter System-Administrator: Ed Snowden

In Hongkong, das ein Teil Chinas mit bestimmten Sonderrechten ist, hätte der junge Mann ein Problem für die Machthaber in Peking dargestellt. Man ließ ihn nach Moskau ausreisen. Dort erhielt er am 1. August politisches Asyl.

Der Effekt der umfangreichen Informationen über die Tätigkeit der NSA in der Weltpresse und der Öffentlichkeit war, dass die Hacker aus China aus den Schlagzeilen gerieten. Die Regierung in Peking war nun in der komfortablen Position, alle Anschuldigungen zurückweisen zu können. Die Übeltäter saßen offenbar in den USA.

Im Herbst 2016 wurde in der Volksrepublik China [13] ein Gesetz beschlossen, das zum Schutz kritischer Infrastruktur dienen soll. Unter diesen Begriff fallen Unternehmen im Bereich der Kommunikation, Wasser- und Stromversorger, Spediteure sowie Banken und Versicherungen. Dazu gehören die folgenden Maßnahmen:

1. Unternehmen in diesen Bereichen dürfen nur Produkte kaufen und einsetzen, die vorher eine Sicherheitsüberprüfung bestanden haben.
2. Daten dürfen nur innerhalb des chinesischen Territoriums gespeichert werden.

3. Firmen müssen auf Verlangen der Polizei und für die Sicherheit zuständigen Behörden auf Verlangen Daten ausliefern.

Welcher Art diese Prüfung sein wird, ist vorerst unklar. Es könnte aber darauf hinauslaufen, dass nur Hardware eingesetzt werden darf, die in China hergestellt worden ist. Manche Anbieter befürchten, dass sie den Quellcode ihrer Software offenlegen sollen. Damit wäre einem unbefugten Kopieren natürlich Tür und Tor geöffnet.

Die zweite Forderung würde bedeuten, dass Applikationen in der Cloud – und dort zentral gespeicherte Daten – verboten würden. Angesichts des enormen Wachstums, der mit Programmen in der Cloud zu verzeichnen ist, würde dies einen deutlichen Hemmschuh für Unternehmen aus Europa und den USA im chinesischen Markt darstellen.

Weil Hardware und Software zunehmend in die Produktion vordringt, denken wir an die Industrie 4.0, müssten auch dort erfasste Daten in China gespeichert werden, könnten also nicht ohne weiteres an einen Mutterkonzern in Deutschland gesandt werden. Das könnte die Produktion erheblich beeinträchtigen.

Die Konsequenz könnte sein, dass große Unternehmen und Konzerne in Zukunft zwei voneinander getrennte, unabhängige Netze aufbauen müssen: Eines für das Geschäft in China, ein zweites für den Rest der Welt.

In Deutschland ist das Bundesamt für Sicherheit [14] in der Informationstechnik (BSI) für die Abwehr von Gefahren aus dem Internet verantwortlich. Das gilt besonders für Rechner, die zur kritischen Infrastruktur gehören. Die Regierung in Berlin hat im November 2016 dazu beschlossen, beim BSI eine schnelle Eingreiftruppe aufzubauen. Sie soll bei einer Krise Hilfe leisten.

Der Cyber War, der durchaus einen wichtigen Teil zukünftiger Konflikte bilden könnte, ist also in bestimmtem Umfang schon erkennbar. Erste Anzeichen derartiger Kämpfe und Auseinandersetzungen haben wir bereits beobachtet. Lassen Sie uns diese Vorkommnisse im Detail betrachten.

2.1 Die Olympischen Spiele

While science has made giant strides in communication in recent years, there's still a lot to be said for paying attention.
Franklin P. Jones

Im Altertum ruhten während der Zeit der Olympischen Spiele alle Kriege zwischen und Auseinandersetzungen zwischen den griechischen Stämmen. In der Neuzeit ist das leider nicht mehr so. Denken wir nur an den terroristischen Anschlag während der Sommerspiele in München.

In Athen begann kurz vor den Olympischen Spielen im August 2004 eine professionell durchgeführte Abhöraktion, die für Monate anhielt.

Wer Windows 7.0 benutzt, sein Betriebssystem bei Microsoft angemeldet hat und über eine Verbindung zum Internet verfügt, wird regelmäßig Updates seiner System-Software bekommen. Diese Routinen können nicht während des laufenden Betriebs installiert werden. Vielmehr ist es notwendig, den PC neu zu starten und das Betriebssystem neu zu konfigurieren. Das kann, je nach der Leistung der Prozessoren, schon ein paar Minuten dauern.

Eine derartige Aktion ist für das Betriebssystem einer Telefonvermittlung nicht zumutbar, weil es 24 Stunden am Tag, sieben Tage in der Woche ohne jede Unterbrechung für die Kunden erreichbar sein soll. Die schwedische Ericson, der Hersteller der Vermittlung, hat sich deswegen dazu entschlossen, in jedem Modul Speicherplatz zu reservieren, der für spätere Modifikationen zur Verfügung stehen sollte. Diese Tatsache, die nur Insidern bekannt sein dürfte, haben die Angreifer genutzt, um ihre eigene Software einzuschmuggeln und auszuführen.

Doch betrachten wir diesen schwerwiegenden Vorfall in allen seinen schillernden Einzelheiten.

Fall 2-1: Das Werk von Profis [3]

Am 9. März 2005 wurde die Leiche eines griechischen Elektroingenieurs in seiner Wohnung in Athen entdeckt. Costas Tsalikidis hatte sich offenbar erhängt. Die Polizei ging zunächst von einem

Selbstmord aus.

Tsalikidis war bei Vodafone-Panafon, der griechischen Tochter von Vodafone, für die Planung des mobilen Netzwerks zuständig. Im Laufe der Ermittlungen stellte sich heraus, dass eine ganze Reihe von Mobiltelefonen, darunter das Handy des griechischen Premierministers und seiner Frau, über Monate hinweg abgehört worden waren.

Die Täter hatten dafür gesorgt, dass die Gespräche wie üblich über die Basisstationen und die Vermittlungszentrale des Netzwerks durchgeführt werden konnten. Allerdings wurde im zentralen Computer ein paralleler Strom von Daten erzeugt, der auf Telefonapparate der Angreifer geleitet wurde. Sie waren auf diese Weise in der Lage, die abgehörten Telefongespräche zu belauschen und aufzuzeichnen.

Um die Technik dieser Abhöraktion zu verstehen, müssen wir näher auf das Betriebssystem von Ericson eingehen. Weil damit gerechnet werden muss, dass staatliche Stellen Telefonate abhören wollen, sind in dieser Software zwei Komponenten vorgesehen: Das Remote-Control Equipment System (RES) ermöglicht es dem Betreiber des Systems, auf richterliche Anordnung hin die Gespräche eines bestimmten Teilnehmers abzuhören und aufzuzeichnen. Das ist die eher technische Seite einer legalen Abhöraktion. Für das Durchführen und Dokumentieren derartiger Tätigkeiten ist ein zweites Subsystem, das Intercept Management System (IMS) verantwortlich.

Als Anfang 2003 in Athen Ericson Release R9.1 seines Betriebssystems AXE bei Vodafone in Griechenland installierte, wurde zwar RES auf das System kopiert, nicht aber IMS. Mit anderen Worten: Die technische Möglichkeit zum Abhören von Telefongesprächen war gegeben, die Software zum Aufzeichnen der damit verbundenen Tätigkeiten fehlte aber.

Die Installation der Schadsoftware war ohne Zweifel nicht einfach. Die Täter mussten vermeiden, von Systemprogrammierern erwischt zu werden und Spuren zu hinterlassen. Sie nutzten die Tatsache, dass das Betriebssystem auch während des laufenden Betriebs verändert werden kann. Ein Booten, wie das beim PC notwendig ist, war dafür nicht erforderlich.

Das Betriebssystem von Ericson besteht aus rund 1 760 Modulen oder Blöcken. In jedem dieser Module ist als Reserve Platz vorhanden, der für Updates genutzt werden kann. Die Angreifer installierten in diesem freien Speicherplatz ihre eigene Software und sorgten dafür, dass sie als reguläres Update vom Betriebssystem ausgeführt wurde. Damit wurden die Telefongespräche, beziehungsweise deren Kopien, auf vorher bestimmte Nummern umgeleitet. Insgesamt wurden 29 Module modifiziert.

Die für das Abhören bestimmten Telefonnummern wurden im Code der Schadsoftware gespeichert, erschienen somit für die Operatoren *nicht* in der Liste der Kunden mit einem Handy. Weiterhin wurde ein Kommando, mit dem die laufenden Tasks im Computer gelistet werden können, so modifiziert, dass es die Tasks der laufenden Schadsoftware für die Operatoren nicht anzeigte. Außerdem war eine Trapdoor vorhanden, damit die Angreifer auch später in das System eindringen konnten.

Die Eindringlinge in das System führten am 24. Januar 2005 ein Update ihrer Software durch. Dieses enthielt offensichtlich einen Fehler, denn in der Folge kam es dazu, dass Kurznachrichten nicht mehr ausgeliefert werden konnten. Diese nicht gesendeten SMS führten zu Untersuchungen. Ericson teilte Vodafone am 4. März 2005 mit, dass nicht autorisierte Software installiert worden war.

Der Binärcode konnte gesichert werden, musste allerdings erst in Quellcode rückübersetzt werden. Es stellte sich heraus, dass die Schadsoftware etwa 6 500 Lines of Code enthielt. Für einen Virus oder ein Trojanisches Pferd ist das eine beträchtliche Menge Code!

Fehlende Aufzeichnungen seitens Vodafones in Athen, Unkenntnis der polizeilichen Ermittler über Software und falsches Handeln führten dazu, dass im Juli 2005 ein Großteil der System-Software neu aufgesetzt wurde, ohne die Spuren der Angreifer systematisch zu verfolgen.

Abgehört wurden rund hundert Mobiltelefone, darunter der Apparat des griechischen Premierministers, der Minister für Verteidigung, Justiz und die Außenpolitik. Ferner gehörten zu den belauschten Personen der Bürgermeister von Athen und der griechische Vertreter in der Europäischen Kommission. Man darf allerdings vermuten, dass es die Angreifer neben diesen Griechen auf die Gespräche der Besucher aus dem arabischen Raum abgesehen hatten, die während der Olympischen Spiele in Athen zu Gast waren.

In der Analyse der der Geschehnisse können wir uns zwei Fragen stellen:

1. Wer hatte ein Motiv, diese groß angelegte Abhöraktion durchzuführen?
2. Wer hat die Kenntnisse und Fähigkeiten, eine Aktion dieser Art auszuführen?

Was die Motive betrifft, so wäre an erster Stelle der israelische Mossad zu nennen. Während der Olympischen Spiele hielten sich viele Besucher aus der arabischen Welt in Athen auf. Ihre Telefongespräche zu belauschen und aufzuzeichnen, hätte dem israelischen Auslandsgeheimdienst mit Sicherheit genutzt. An zweiter Stelle wäre die US-amerikanische CIA [4] zu erwähnen. Weil die arabische Halbinsel eine Brutstätte für Terroristen darstellt, hätte man in Langley durchaus auf die Idee verfallen können, in Athen auf breiter Front eine Abhöraktion zu starten.

Kommen wir damit zur zweiten Frage, den Fähigkeiten zur Planung und Durchführung einer solchen Aktion. Sie erforderte tiefgreifende Kenntnisse des Betriebssystems von Ericson. Es mussten Programmierer eingesetzt werden, die sich mit derartiger Software auskannten.

Die Aktion war also nicht das Werk von ein paar jugendlichen Hackern, sondern eine professionell geplante und durchgeführte Aktion. In der Folgerung landen wir bei den gleichen Verdächtigen wie bei unserer ersten Frage: Der CIA und dem israelischen Mossad. Beide Organisationen besitzen Einheiten, die für eine derartige Operation in Frage kommen.

Ob Costas Tsalikides Selbstmord begangen hat oder ermordet wurde, um Spuren zu verwischen, muss offen bleiben. Gegen die These vom Selbstmord spricht, dass er in wenigen Wochen heiraten wollte. Es besteht durchaus die Möglichkeit, dass er den Eindringlingen auf der Spur war und deswegen getötet wurde.

Auf der anderen Seite ist auch nicht auszuschließen, dass die Angreifer Hilfe durch einen Angestellten von Vodafone Griechenland hatten, dass die Tat also zumindest teilweise ein Insider Job war. Geheimdienste reden nicht über solche Dinge. Wir können also nur spekulieren.

2.2 Ein Atomreaktor für Syrien?

"A laugh can be a very powerful thing. Why, sometimes in life, it's the only weapon we have."

Roger Rabbit

Syrien hat im Konflikt Israels mit seinen Nachbarn stets eine Schlüsselrolle eingenommen. Es hat in Verhandlungen stets darauf bestanden, dass Israel die besetzten Golanhöhen zurückgeben müsste. Darauf wollte – oder konnte – man in Jerusalem aus strategischen Gründen nicht eingehen.

Hinzu kommt, dass Syrien mit Waffen aus Russland ausgerüstet ist und im Kreml einen mächtigen Verbündeten besitzt. Die Russen betreiben in Aleppo ihren einzigen Stützpunkt im Mittelmeer, haben also ein Interesse daran, dass das herrschende Regime in Damaskus an der Macht bleibt.

Betrachten wir in diesem geostrategischen Zusammenhang den folgenden Vorfall:

Fall 2-2: Ein wenig beachteter Luftschlag [1]

Im Norden Syriens, etwa 120 Kilometer entfernt von der Grenze zur Türkei, lag am 6. September 2007 kurz nach Mitternacht eine Anlage im fahlen Licht des Mondes, an der Arbeiter aus Nord-Korea am Werk waren. Die letzte Schicht hatte das Bauwerk vor sechs Stunden verlassen.

Die Baustelle lag verlassen, war nur dürftig beleuchtet und schien nicht besonders intensiv bewacht zu werden. Es sah fast so aus, als wolle der Bauherr alles vermeiden, was die Neugier von Beobachtern hätte wecken können. Plötzlich wurde das Gelände taghell erleuchtet. Es gab eine Reihe lauter Explosionen. Die Anlage ging in Rauch und Flammen auf. Wenn die wenigen Menschen auf der Baustelle gute Augen gehabt hätten, wären ihnen die Jagdflugzeuge vom Typ F-15 und F-16 aufgefallen, die bereits wieder den Kurs zur türkischen Grenze einschlugen.

Dieser Angriff ist gleich in mehrfacher Hinsicht bemerkenswert. Er wurde in der Presse weitgehend ignoriert. Die israelische Regierung äußerte sich mit keinem Wort dazu. Selbst Syrien, das auf dem eigenen Staatsgebiet angegriffen worden war, schwieg zu dem Bombenangriff. Dabei konnte man durchaus zu dem Schluss kommen, dass die israelische Luftwaffe einen syrischen Atomreaktor zerstört hatte, den die Nordkoreaner für die Herrscher in Damaskus bauen wollten. In ein paar Jahren hätte Syrien auf diese Weise zu einer eigenen Atombombe kommen können. Syriens Präsident Assad erklärte später, nachdem ausländische Medien berichtet hatten, dass ein leeres Gebäude zerstört worden war. Nordkorea zeigte sich ebenfalls irritiert und klagte über den Angriff.

Die Luftverteidigungssysteme Syriens stammen aus sowjetischer Produktion und gehören zu den Besten, was auf dem Weltmarkt zu haben ist. Dass sie intakt sind und funktionieren, zeigt der Abschuss eines türkischen Kampfflugzeugs vor der syrischen Küste im Winter 2012. Wie war es also möglich, dass die Jäger aus Israel in jener Nacht in den syrischen Luftraum eindringen konnten, ohne vom Radar entdeckt zu werden?

Es bleibt im Grunde nur ein Schluss: Vor diesem Angriff war Cyber Warriors am Werk. Sie haben dafür gesorgt, dass die Luftverteidigung der Syrier in dieser Nacht nur das sehen konnte, was sie sehen sollte.

Der Schluss ist unausweichlich: Die syrischen Streitkräfte waren in dieser Nacht nicht die Herren ihrer eigenen Luftverteidigung. Vielmehr hatten die Israelis das Kommando übernommen, bevor der Angriff begann. Dafür sind in Fachkreisen [3] drei mögliche Szenarien vorgeschlagen worden:

1. Die Israelis könnten eine unbewaffnete Drohne vorgeschickt haben, die in den syrischen Luftraum vorgedrungen ist. Dieser Flugkörper könnte so ausgerüstet gewesen sein, dass er wegen einer bestimmten Beschichtung vom syrischen Radar nicht erfasst werden konnte. Das Radar war natürlich aktiv, und die Drohne musste diesen Radarstrahl entdecken. Sie könnte ihn benutzt haben, um Datenpakete zu der Radaranlage zu schicken, die deren Computer in ein passives System verwandeln konnten. Mit anderen Worten: Auf dem Schirm der Luftverteidigung wurden die einfliegenden F-15 und F-16 nicht angezeigt, weil die Software des Computers manipuliert worden war.

2. Es ist auch möglich, dass lange vor diesem Angriff ein israelischer Agent in Syrien sich Zugang zum Computer der syrischen Luftverteidigung verschafft hatte. Er könnte eine Trapdoor eingeschleust haben. Diese Software könnte so programmiert worden sein, dass sie auf das Signal der einfliegenden Drohne hin ein Bild auf den Schirm der Radaranlage zauberte, das nicht der Realität entsprach.

3. Der Trick mit der Trapdoor würde auch funktionieren, wenn es einem israelischen Agenten gelungen wäre, sich Zugang zu einem Lichtwellenleiter in Syrien zu verschaffen. Zwar ist es schwierig, an Glasfaserkabeln Manipulationen vorzunehmen. Wenn jemand jedoch die notwendigen Fachkenntnisse besitzt, ist es nicht unmöglich. Falls das so geschehen ist, könnte der Agent dafür gesorgt haben, dass eine Verbindung zu einer Kommandozentrale in Israel hergestellt wurde. In dem Fall wäre der Einsatz einer Drohne gar nicht notwendig geworden. Die syrische Luftverteidigung hätte von israelischem Territorium aus getäuscht werden können.

Wir wissen nicht genau, welche Methode konkret eingesetzt worden ist. Aber eines sollte klar sein: Ohne Techniken, die dem Arsenal des Cyber War zuzuordnen sind, hätte die Zerstörung der Fabrik zum Bau von Atombomben nicht durchgeführt werden können.

2.3 Land zwischen den Fronten

Do not criticise your government when out of the country. Never cease to do when at home.
Winston Churchill

In der Sowjetunion sind im Lauf der Jahre ein paar Dinge geschehen, die in der westlichen Welt in dieser Form nicht möglich gewesen wären. Joseph Stalin, der selbst ein Georgier war, hat seiner Heimat großzügig eine Provinz im südlichen Teil seines riesigen Reichs geschenkt. Nikita Chruschtschow hingegen, der aus der Ukraine stammte, hat seinem Heimatland die Krim zum Geschenk gemacht.

Trotz der Tatsache, dass die Russen wegen dieses Gebiets unter dem Zaren einen Krieg geführt hatten.

Ob die Nachgeborenen diese großzügigen Schenkungen eines Diktators so einfach hinnehmen werden, wird sich zeigen.

Nach dem Zerfall der Sowjetunion hat sich Georgien jedenfalls als unabhängig erklärt. Zum Ärger Russlands. Es wollte das kleine Land im Süden nicht ziehen lassen, sondern in seiner Einflusssphäre behalten. Dies gilt natürlich auch für andere Territorien in dieser Region.

Der Streit zwischen Georgien und Russland [5, 6] schwellte lange, bevor es im August 2008 zu kriegerischen Auseinandersetzungen gekommen ist. Auf den ersten Blick mag es für den schlecht informierten Beobachter so aussehen, als hätte Georgien ohne Not das benachbarte Südossetien angegriffen.

In Georgien kam nach dem Zerfall der Sowjetunion zunächst der Nationalist Zviad Gamsakhurdia an die Macht. Er wurde im Jahr 1992 von dem früheren Außenminister in Moskau, Eduard Shevardnadze, abgelöst. Dieser brachte zwar eine gewisse Stabilität, sorgte aber kaum für tiefgehende Reformen. Er musste 2003 den in den USA ausgebildeten Mikhail Saakashvili Platz machen.

In der Sowjetunion war Südossetien eine autonome Region, allerdings ein Teil Georgiens. Die Bevölkerung gehört zu den orthodoxen Christen, fühlt sich aber von militanten Islamisten bedroht. Die Provinz erklärte sich im November 2006 mit Billigung des Kremls für unabhängig.

Außer Russland erkannte niemand das kleine Land an. Die Regierung in Tiflis versuchte in den Jahren darauf, seine abtrünnige Provinz zurückzuholen. Als Gegenmaßnahme verbot der Kreml unter einer fadenscheinigen Begründung den Import von Waren aus Georgien. Am 27. September 2006 wurden vier Offiziere des russischen militärischen Geheimdienstes enttarnt. Gasprom erhöhte den Preis für Erdgas von 110 Dollar pro Kubikmeter auf 230 Dollar.

Die russischen Sanktionen schienen jedoch nicht zu wirken. Die Produzenten in Georgien erhöhten die Qualität ihrer Waren und suchten sich Abnehmer im Westen. Am 6. August 2007 schlug eine russische Rakete vom Typ Kh-58 in einem Dorf in der Nähe von Tiflis ein.

Am 7. August 2008 drangen russische Landstreitkräfte über den Roki-Tunnel in Südossetien ein. Georgien wurde mit

Artilleriegeschossen angegriffen. Russland hingegen behauptete, dass die Armee Georgiens Tskhinkali, die größte Stadt Südossetiens, angegriffen habe und es Hunderte Tote unter der Zivilbevölkerung gegeben habe.

In der westlichen Welt verfestigte sich bald der Eindruck, dass Russland sehr gut vorbereitet war und den Krieg vom Zaun gebrochen hatte, um ein für alle Mal seinen Einfluss in dieser Region zu sichern. Nicolas Sarkozy vermittelte am Ende einen Waffenstillstand. Der Konflikt blieb ungelöst.

Bemerkenswert ist, dass der Angriff der russischen Bodentruppen durch Attacken im Cyber Space unterstützt wurde. Weil solche Angriffe geplant werden müssen, kann es sich bei der russischen Besetzung Südossetiens kaum um einen spontanen Akt gehandelt haben.

Der Angriff im Internet begann mit Distributed Denial of Service Attacken auf Webseiten der Regierung in Tiflis. Mikhail Saakashvili wurde mit Adolf Hitler verglichen.

Die Anbindung Georgiens an das Internet geschieht über Leitungen, die durch Russland und die Türkei führen. Die Router waren bald so mit Nachrichten geflutet, dass nichts mehr aus Georgien heraus kam. Die Regierung in Tiflis verlor sogar die Kontrolle über den Server, der mit der Endung *.ge* versehen ist.

Man versuchte daraufhin, den Kontakt mit Routern in Russland zu unterbinden. Es half wenig. Nun wurden die Angriffe über China vorgetragen. Bot-Netze in Kanada, der Türkei und Estland kamen zum Einsatz.

Die Banken in Georgien stellten den Betrieb ein und planten, einfach das Ende des Sturms abzuwarten. Die Russen reagierten, indem sie vorgaben, Institute in Georgien zu repräsentieren und wandten sich an international tätige Banken. Diese kappten daraufhin ihre Verbindungen nach Tiflis. Kreditkarten wurden nicht mehr akzeptiert, der Mobilfunk fiel aus.

Die Regierung in Moskau bestritt, hinter den Attacken auf Georgien zu stecken. Experten im Westen hingegen sprachen davon, dass der KGB oder seine Nachfolger die Hände im Spiel gehabt hätten. Es kann auch nicht ausgeschlossen werden, dass sich der russische Geheimdienst krimineller Elemente [5] bediente, um die Angriffe vorzutragen.

Es bleibt festzuhalten, dass dies einer der erste Konflikte war, in denen Cyber War neben konventionellen Arten der Kriegsführung eine wesentliche Rolle gespielt hat.

2.4 Lettland und die baltischen Republiken

The past is a different country. They do things differently there.
L. P. Hartley

Nach dem Zerfall der Sowjetunion erklärten die drei baltischen Staaten, also Estland, Lettland und Litauen, ihre Unabhängigkeit. Sie richteten ihre Blicke bald gen Westen und zeigten den Russen die kalte Schulter.

Zur Modernisierung der Verwaltung wurde im großen Ausmaß auf das Internet und Software gesetzt. Das führt dazu, dass man in diesen Staaten viele Vorgänge via Internet erledigen kann, bei denen man in Deutschland noch zu einer staatlichen Behörde oder zum Rathaus pilgern muss. Natürlich war die Sicherheit bei diesem raschen Aufbau einer modernen und effizienten Verwaltung kann vorrangiges Thema.

In alle drei baltischen Staaten besteht ein signifikanter Teil der Bevölkerung aus ethnischen Russen. Dies führt natürlich zu Problemen im Zusammenleben mit der Minderheit.

In Estland entzündete sich der Konflikt an der Bronzestatue eines Soldaten der ruhmreichen roten Armee. Diese Denkmäler findet man in vielen Ländern des ehemaligen Ostblocks, sogar in der österreichischen Hauptstadt Wien. Die Wiener spotten: „Das ist vermutlich der einzige russische Soldat in Wien, der nicht unsere Frauen vergewaltigt hat."

In Estland beschloss das Parlament im Jahr 2007 ein Gesetz, nachdem alle Bauwerke und Denkmäler, die an die sowjetische Besatzung erinnerten, demoliert werden sollten. Dazu gehörte auch der Soldat aus Bronze. Die Regierung in Moskau protestierte vehement und klagte, dass die Entfernung des Denkmals eine Schande für die toten Soldaten der roten Armee wäre, einschließlich der gefallenen Krieger unter dessen Sockel. Der Präsident der Republik Estland schien zu einem Kompromiss bereit zu sein, um den Kreml zu besänftigen.

46

Der Streit in der Bevölkerung war jedoch längst eskaliert. In der Nacht des 27. April 2007 brach zwischen Befürwortern und Gegnern des Denkmals ein heftiger Streit aus, der auf den Straßen Tallins ausgetragen wurde. Die Statue und die Polizei waren zwischen beiden Fraktionen eingekeilt. Dieser Vorfall ging als Bronze-Nacht in die Geschichte ein.

Die estnische Regierung entschied nun, die Statue auf einem Friedhof des Militärs aufstellen zu lassen. Dieses Gelände würde bewacht werden. Die Nationalisten in Moskau waren mit dieser Lösung des Konflikts jedoch nicht einverstanden und beharrten darauf, dass der Soldat auf seinem Platz bleiben solle.

Nun expandierte der Konflikt in den Cyber Space. Nach der Bronze-Nacht wurden die wichtigsten Server in Estland mit so vielen Anfragen bombardiert, dass sie bald unter der Last des Verkehrs zusammenbrachen. Die Bürger in Estland hatten keinen Zugriff mehr auf ihre Bankkonten, konnten die Webseiten der Zeitungen nicht mehr erreichen und erhielten keinen Zugang zu Rechnern ihrer Regierung.

Es handelte sich um einen Angriff, den wir als DDOS kennengelernt haben. Hunderte gekaperte Rechner wurden zu Bot-Netzen verbunden und trugen den Angriff auf die Computer im Baltikum vor. Allerdings handelte es sich um den größten Angriff dieser Art, der bisher registriert worden war.

Zunächst glaubten viele Esten, dass es sich um eine Aktion verärgerter Russen handeln würde, die bald wieder abflauen würde. Sie hatten sich aber getäuscht. Die Angreifer nahmen sich nun das Mobilfunknetz vor, griffen Server an, die zu Kredikarten-Firmen gehörten, und versuchten, Internet-Adressen zu manipulieren. Hansapank, die größte Bank des Landes, war weitgehend außer Betrieb.

Experten aus ganz Europa flogen nach Tallin, um der jungen Nation zu helfen. Die Regierung trug das Problem dem höchsten Gremium der NATO vor. Es wurden Techniken eingesetzt, um die Spuren der Hacker zu den gekaperten Rechnern und ihren Meistern zurückzuverfolgen. Man fand immerhin heraus, dass die Programmierer eine Tastatur eingesetzt hatten, die für das kyrillische Alphabet ausgelegt war. Die Spur wies nach Russland.

Die russische Regierung in Moskau bestritt vehement, gegen Estland in einen Cyber War verwickelt zu sein. Sie weigerte sich auch, den Esten bei der Verfolgung der Angreifer zu helfen. Obwohl der Kreml nach einem bilateralen Abkommen zum Beistand verpflichtet war.

Immerhin räumte man später ein, dass „patriotische" Kreise möglicherweise die Sache in die eigenen Hände genommen hätten.

2.5 Stuxnet

The Germans have a much closer affinity to industry than the British or the French. This helps to explain why the most talented people go into manufacturing, not politics.

David Marsh

Der Virus, der in den letzten Jahren vermutlich das größte Aufsehen erregt hat, ist unter dem Namen Stuxnet bekannt geworden.

Als man in den 1940er Jahren in Oak Ridge in Tennessee daran ging, das waffenfähige U-235 aus Natururan zu extrahieren, waren zunächst ein paar verschiedene Techniken im Gespräch. Darunter befanden sich auch Zentrifugen. Dieses Verfahren war allerdings die zweite Wahl und wurde in den USA nicht eingesetzt.

Jahrzehnte später wurden im Pentagon die Dokumente, die mit dem Bau der Atombombe zusammenhängen, gesichtet. Weil man sich gegen Zentrifugen entschieden hatte, wurde die Geheimhaltung für diese Technik aufgehoben. Das war ein Fehler. Es dauerte nicht lange, und der Irak unter Saddam Hussein setzte auf diese Methode zum Gewinnen von U-235.

Der Nachbar, eben der Iran, setzte auf die gleiche Technik. Obwohl die islamische Republik behauptet, Kernbrennstoffe lediglich für zivile Zwecke einsetzen zu wollen, nimmt man das der Regierung in Teheran im Westen nicht ab. Vielmehr glaubt man, dass der Iran eine Atombombe entwickeln will. Dazu würde er U-235 benötigen.

Die Anlage in Natanz wurde im Jahr 2002 gebaut. Die Gebäude sind abgesichert, und dazu gehört auch eine Verteidigung gegen Angriffe aus der Luft. Präsident Ahmedinejad besuchte die Fabrik im April 2007 und kündigte an, dass sie zur Urananreicherung bestimmt wäre.

Interessant ist, dass Stuxnet über USB-Sticks verbreitet wird. Er verhält sich ähnlich wie ein Boot-Virus und wird aktiv, wenn der Speicherbaustein in eine Schnittstelle kommt. Das Ziel des Schädlings ist eine Software von Siemens, die den Namen WinCC-7 trägt. Dieses Produkt trägt den Namen Supervisory Control and Data Acquisition (SCADA) und dient zur Steuerung und Regelung von Maschinen aller Art. Darunter fallen Zentrifugen, aber auch Transformatoren, Generatoren und Fertigungsstraßen.

Stuxnet war so programmiert, dass er nach WinCC-7 Ausschau halten sollte. Fand er diese Software nicht, blieb der Virus untätig. Er verbreitete sich allerdings weiter. Die verwendete Technik war in dieser Form niemals zuvor eingesetzt worden.

In Natanz wird die Software von Siemens eingesetzt, um die Umdrehungsgeschwindigkeit der Zentrifugen zu regeln und zu kontrollieren. Der Virus sorgte dafür, dass die Elektromotoren der iranischen Firma Fararo Paya, mit denen die Zentrifugen angetrieben werden, falsche Kommandos bekommen würden. Diese führten zu einer Überlastung, und nach einer gewissen Zeit würden die Zentrifugen auseinanderbrechen. Im Endeffekt wurden beinahe tausend Zentrifugen zerstört oder ernsthaft beschädigt und mussten demontiert werden.

Obwohl Stuxnet, was das iranische Nuklearprogramm betraf, ein voller Erfolg war, geriet er der Virus doch bald außer Kontrolle. Im Jahr 2010 fiel Experten auf, dass sich Stuxnet weit über Natanz hinaus verbreitet hatte. Er wurde in Indien entdeckt und suchte immer noch nach Siemens WinCC-7 und Elektromotoren von Fararo Paya. Fand sie das Programm nicht, suchte es anderswo.

Hacker und andere Programmierer rund um die Welt beschafften sich eine Kopie des Virus. Sie nahmen ihn auseinander und entdeckten, dass der Code modular aufgebaut war. Es war nicht allzu schwierig, die Suche nach Siemens aufzugeben, dafür aber nach Maschinen von General Electric (GE) oder Johnson Controls zu fahnden.

Wer Stuxnet letztlich kreiert hat, wissen wir nicht. Man darf vermuten, dass Israel das größte Interesse daran hat, das iranische Nuklearprogramm zu stören.

Zu bedenken ist allerdings, dass mit diesem Virus eine potente Waffe geschaffen worden ist, die leicht auf andere Ziele umprogrammiert werden kann. Der Geist ist aus der Flasche.

2.6 Der Verwundbarkeit entwickelter Länder

"Compared to war, all other forms of human endeavor shrink to insignificance."
George S. Patton

Künftige Kriege werden sich signifikant unterscheiden von dem, was wir bisher an kriegerischen Auseinandersetzungen gesehen haben. Sehen wir uns dazu die folgenden Punkte an:

1. Angriffsziele sind nicht ausschließlich militärische Objekte
2. Angriffsziele können alle Teile der Infrastruktur einer Volkswirtschaft und Gesellschaft sein
3. Der Feind unterscheidet nicht zwischen Soldaten und Zivilisten
4. Die Genfer Konvention wird irrelevant
5. Es gibt keine klar definierte Frontlinie
6. Wir können nicht davon ausgehen, dass wir den Feind schnell und eindeutig identifizieren können
7. Angriffe können über dritte, an dem Konflikt unbeteiligte, Länder oder Parteien vorgetragen werden
8. Eine Nation trägt ein höheres Risiko, bei einem Krieg zu unterliegen, wenn es eine hochentwickelte Zivilisation und Gesellschaft besitzt
9. Relativ kleine Gruppen von Leuten, die nicht notwendigerweise im Auftrag einer Regierung handeln müssen, können einen Angriff starten. Darunter können Terroristen und Kriminelle sein.
10. Die Verteidigung ist schwierig, weil die für die Ziele Verantwortlichen nicht denken wie Generäle, sondern wie Manager oder Buchhalter
11. Nationale Grenzen sind kaum von Bedeutung

Ich will keinesfalls ausschließen, dass militärische Ziele im Cyber War angegriffen werden können. Sie werden aber vermutlich nicht die Ziele sein, die zuerst ins Visier der Angreifer kommen. Das hat zwei Gründe: Zum einen ist das Militär sich der Gefahr bewusst, die von Cyber Warriors ausgehen kann. Es wird deswegen Vorkehrungen treffen, um seine Installationen verteidigen zu können. Der zweite Grund liegt in der Effizienz eines Angriffs. Die Angreifer können einen weit höheren Schaden anrichten, wenn sie Ziele im zivilen Bereich attackieren.

Bei den Zielen im nicht-militärischen Bereich ist der Rahmen weit gestreckt. Er reicht vom Stromnetz zur Verkehrsüberwachung, von Atomkraftwerken zur Wasserversorgung. Gibt es noch ein Objekt, wo keine Software zum Einsatz kommt?

Weil die Ziele sowohl im militärischen als auch zivilen Einrichtungen liegen können, macht für die Angreifer eine Unterscheidung nach Kombattanten und Zivilisten keinen Sinn. Sie haben gar kein Werkzeug, um den einen vom anderen zu unterscheiden.

Die Genfer Konvention wurde geschaffen für Konflikte wie den Ersten Weltkrieg, in denen eine Front ausgemacht werden konnte. Im Cyber War wird sie bedeutungslos.

Weil das Internet keine Grenzen kennt, weil sich böswillige Software in Computern anderer Nutzer verstecken lässt, weil Bot-Netze anderswo aufgebaut werden können, gibt es keine Front. Dritte Parteien können eingespannt werden, um einen Angriff zu starten. Selbst ein neutrales Land kann sich nicht sicher sein, für die eine oder andere kriegsführende Partei tätig zu werden.

Weil die für den Angreifer lohnendsten Ziele gerade in Ländern mit der am höchsten entwickelten Volkswirtschaft liegen, tragen diese Nationen und ihre Bürger das größte Risiko.

Nationale Grenzen werden im Cyber War weitgehend ohne Bedeutung sein.

Wir sollten uns auch fragen, wer für die Verteidigung von Ressourcen zuständig sein soll. Es würde keinen Sinn machen, wenn am Ende eines Konflikts die Militärs ihre Panzer, Raketen, Flugzeuge und Atombomben alle funktionsfähig erhalten haben, die Volkswirtschaft eines Landes aber durch den Krieg so gelitten hat, dass die Gesellschaft auf den Stand eines Entwicklungslands zurückgeworfen wird.

Lassen Sie uns nun näher auf lohnende Ziele im nicht-militärischen Umfeld eingehen.

2.6.1 Ziele im zivilen Bereich

It is the business of the future to be dangerous. The major advances in civilization are processes that all but wreck the societies in which they occur.
          Alfred North Whitehead

Um uns gegen einen Angriff aus dem Cyber Space verteidigen zu können, müssen wir uns natürlich fragen, was für einen Feind lohnende Ziele sein könnten. Wir werden Prioritäten setzen müssen, unsere Ressourcen sind begrenzt.

In meinem Stadtviertel ist im vergangenen Herbst eines Nachmittags der Strom ausgefallen. Nun hätte ich den Versorger anrufen können und fragen, was los ist. Allerdings sind Telefonapparate im Festnetz heutzutage alles kleine Computer. Ohne Strom geht gar nichts.

Ich hätte ein Mobiltelefon benutzen können. Aber wie groß wären meine Chancen gewesen, bei der Störungsstelle durchzukommen? Vermutlich hätte ich minutenlang einer Musik lauschen dürfen, und erfahren hätte ich trotzdem nichts.

Ich habe also das Radio eingeschaltet. Wohlgemerkt: Ein mit Batterien betriebenes Transistorradio. Nach einer Stunde wurde es dunkel. Der Strom blieb weiterhin aus. Ich zündete eine Kerze nach.

Wiederum eine Stunde später meldete der Bayerische Rundfunk, dass eineinhalb Kilometer entfernt ein Transformator ausgefallen war. Immerhin wusste ich nun Bescheid.

Kurz vor 20 Uhr wurde meine Wohnung wieder mit Strom versorgt. Der Notstand war vorüber.

Stellen wir uns doch einmal vor, was passiert, wenn die Stromversorgung für Tage ausbleibt. Die Amerikaner in Missouri mussten nach dem Hurrikan Katrina Tage ohne Strom auskommen, und an der US-Ostküste war es im Herbst 2012 nach dem Sturm Sandy nicht viel anders. Stromleitungen in den USA werden als Freileitungen, und nach einem schweren Sturm sind diese Netze außer Betrieb.

Doch bleiben wir in Deutschland. Ohne Strom können wir natürlich nicht kochen, und kalt zu duschen ist nicht jedermanns Sache. Die Regelung der Heizung braucht Strom, und das gilt auch für den Brenner. Zwar ist die Heizung ein relativ träges System, doch nach ein oder zwei Tagen könnte es im Winter unangenehm kalt werden.

Der Fahrstuhl funktioniert ebenfalls nicht, und wenn wir Pech haben, ist einer der Bewohner in der Kabine eingesperrt. Die Lebensmittel im Kühlschrank werden langsam warm; im Winter können wir sie zum Kühlen auf den Balkon tragen. Doch wie verhalten wir uns im Sommer?

Betrifft der Stromausfall ein größeres Gebiet, so werden auch die Ampeln in den Straßen ausfallen. Ein Verkehrschaos könnte die Folge sein.

Wie lange können wir also einen Stromausfall verkraften?

Ein paar Tage, im Höchstfall vielleicht eine Woche. Und das betrifft nur einen Haushalt. Bestimmte Einrichtungen, etwa Krankenhäuser oder Pflegeheime, können allenfalls Stunden ohne elektrische Energie auskommen.

Meiner Ansicht nach ist daher das Stromnetz die Ressource, die auf alle Fälle gegen einen länger andauernden Ausfall gesichert werden muss. Es ist allerdings nicht die einzige Komponente der Infrastruktur, die es zu verteidigen gilt. Sehen wir uns dazu die folgende Liste an:

1. Stromnetz
2. Kraftwerke, darunter Atomkraftwerke
3. Erdgasnetze, Raffinerien, Wasserwerke
4. Rundfunksender, Fernsehen, Zeitungen
5. Krankenhäuser, Pflegeeinrichtungen
6. Verkehrsleitsysteme
7. Banken, Börse, Finanzzentren
8. Flugsicherung
9. Telefonnetz: Festnetz und Mobiltelefone
10. Handel, Industrie

Die Aufzählung, die natürlich keinesfalls vollständig sein kann, enthält eine Reihe von Zielen für böswillige Angreifer. Das Stromnetz einer Industrienation lahm zu legen, könnte ein Ziel mit hoher Priorität sein. Einfach deswegen, weil elektrische Energie in vielfältiger Weise fast überall gebraucht wird. Sie zu entziehen, kann daher rasch zum Chaos führen.

Kraftwerke sind natürlich die Quellen, aus denen die Stromerzeugung gespeist wird. Insofern könnte sich ein Angreifer ihnen zuwenden. Ihre Steuerung und Regelung wird Software enthalten, die manipuliert werden kann. Besonders gefährlich könnte es werden, wenn es einer Gruppe von Terroristen gelingt, einen Störfall in einem Atomkraftwerk zu erzeugen, der mit dem Austreten radioaktiver Strahlung verbunden ist.

Wenn wir ein paar Tage weiterdenken, könnte es Sinn machen, den Einwohnern eines Landes das Gas zu sperren und die Versorgung mit Benzin und Heizöl zu stoppen. Dies könnte schnell zu massiven Unruhen unter der Bevölkerung führen.

Der Rundfunk steht mit Absicht relativ weit oben in meiner Liste, weil die Unterrichtung der Bürger mit zuverlässigen und gesicherten Nachrichten in einem Notfall äußerst wichtig ist. Es ist allerdings zu beachten, dass für Katastrophen vorgesorgt werden muss. Als vor einigen Jahren in Sachsen und Thüringen Bäche und Flüsse über die Ufer traten und ganze Dörfer überschwemmten, hätte das Radio eingesetzt werden können, um die Bewohner zu warnen. Leider war das nicht möglich, weil man seitens der Regierungen nicht rechtzeitig entsprechende Kommunikationskanäle etabliert hatte.

Zeitungen, sofern sie denn erscheinen, gewinnen ein bis zwei Tage nach dem Eintritt eines Notfalls an Bedeutung, weil sie eine tiefergehende Unterrichtung der Bürger erreichen können.

Krankenhäuser sind unter Umständen ein Ziel für Angreifer, weil eine Blockierung ihrer Tätigkeit ein Chaos verschlimmern kann. Zwar sind sie in der Regel für bestimmte Bereiche mit einer Notfallversorgung ausgerüstet. Es fragt sich natürlich, wie lange der Diesel reicht.

Verkehrsleitsysteme können, wenn sie ausfallen, dazu führen, dass eine flüchtende Bevölkerung im Stau stecken bleibt. Taucht noch dazu das Gerücht auf, dass ein Atomkraftreaktor zu versagen droht, ist die Panik vorprogrammiert.

Banken waren in Estland bereits das Ziel von Angriffen aus dem Cyber Space. Ihr Ausfall kann eine Volkswirtschaft zum Stillstand bringen, selbst wenn die Verweigerung dieser Dienstleistung nicht lebensbedrohlich ist.

Nach den Attacken auf das World Trade Center in New York gab es in den USA für eine Woche keinen zivilen Flugverkehr mehr. Die Auswirkungen waren weltweit zu spüren. Ganz davon abgesehen könnte ein Angriff auf den Tower bei einem großen Flughafen dazu führen, dass Flugzeuge in der Luft kollidieren.

Information und Kommunikation sind bei einer Katastrophe eine nicht zu unterschätzende Ressource. Deswegen sollten auch das Festnetz und die Mobilfunknetze gegen Angriffe gesichert und verteidigt werden.

Handel und Industrie haben zwar längere Latenzzeiten. Es ist jedoch zu bedenken, dass inzwischen in vielen Bereichen das Prinzip Lieferung *Just in time* gilt. Supermärkte müssen auch in einem Notfall mit Lieferungen rechnen können. Ansonsten könnte es zu Hamsterkäufen und leeren Regalen kommen.

Wir sehen also, dass eine hochentwickelte Industriegesellschaft verwundbar ist. Unsere Infrastruktur, unsere Ressourcen müssen gegen Angriffe aus dem Cyber Space verteidigt werden.

2.6.2 Wer führt den Krieg?

The french will only be united under the threat of danger. Nobody can simply bring together a country that has 265 kinds of cheese.
Charles de Gaulle

Falls wir gezwungen sein sollten, einen Krieg im Cyber Space zu führen, stellt sich natürlich sofort die Frage, wer für die Kriegsführung verantwortlich sein soll. Traditionell fällt diese Aufgabe in den Nationalstaaten den bewaffneten Streitkräften zu.

Denken wir alles auch nur einen Augenblick über den Umfang dieser Aufgabe nach, wird uns schnell klar, dass sich Defizite auftun. Welcher Soldat ist gleichermaßen im Internet fit und versteht etwas von der Wasserversorgung und von den Transaktionen internationaler Bank? Oder gar dem Gesundheitswesen?

Nun spricht einiges dafür, die Bereiche Verteidigung und Angriff zu trennen. Bis vor wenigen Jahren haben wir uns im Westen schließlich lediglich auf die Verteidigung unserer Ressourcen beschränkt. Unter Umständen mag es sinnvoll sein, dass Banken, Versicherungen, die Börsen, internationale Organisationen, Stromversorger, Handel und Industrie für die Verteidigung ihrer Rechner und Netzwerke selber zuständig sind. Bei ihnen liegt das größte Wissen über ihre Ressourcen im Bereich der EDV und deren Organisation.

Nachdem ich diese These aufgestellt habe, lassen Sie mich gleich ein Gegenargument bringen. Stellen wir uns dazu das folgende Scenario vor: Die New York Stock Exchange (NYSE) wird über das Internet angegriffen. Der Handel kommt zum Erliegen. Die wichtigste Börse der Welt in Manhattan wendet sich an die Börsenaufsicht, und diese Organisation bittet wiederum US Cyber Command [7] um Hilfe. Dort folgt man der Spur der Angreifer bis zu einem bestimmten Bürogebäude in Shanghai. Von einer anderen Behörde mit drei Buchstaben weiß man, dass dieses Gebäude keine Notstromaggregate besitzt, sondern an der öffentlichen Stromversorgung hängt. Unter diesen Umständen erscheint es erfolgversprechend, den Angreifern in China den Strom zu sperren.

Schon ist die Abgrenzung zwischen Militär und zivilen Einrichtungen durchbrochen. Im Cyber War können wir eben nicht zwischen militärischen und zivilen Zielen klar trennen.

Ein Problem stellt die Tatsache dar, dass eine breite Öffentlichkeit über Angriffe aus dem Cyber Space nie erfährt. Banker reden zwar gelegentlich über einen Kunden, dessen Kreditwürdigkeit sie in Zweifel ziehen. Wenn aber Konten geplündert, dem eigenen Institut Geld gestohlen wird, dann hüllen sie sich in Schweigen.

Ist unter diesen Umständen eine Meldepflicht, wie sie im Februar 2013 von Politikern in Brüssel und Straßburg gefordert wird, sinnvoll? – Ich würde dies bezweifeln. Vermutlich ist der Angriff längst vorbei, der Schaden entstanden, bevor eine Bürokratie wirksame Gegenmaßnahmen einleiten kann. Das betroffene Unternehmen wird selbst mit der Bedrohung aus dem Internet fertig werden müssen.

In diesem Zusammenhang ist eine Beobachtung wichtig, die bei den Terroranschlägen in der Londoner City im vergangenen Jahrhundert gemacht worden ist. Wenn dort eine Bombe der IRA hoch ging, hat die britische Polizei ganze Straßenzüge für Tage abgesperrt. Die betroffenen Unternehmen hatten keinen Zutritt zu ihren Büros und ihren Computern, weil zunächst Spuren gesichert werden mussten. Handelte es sich um eine Firma, deren Geschäft in großem Umfang auf eine funktionsfähige EDV und Zugang zum Internet angewiesen war, so haben diese Unternehmen oft nicht überlebt, wenn sie mehr als eine Woche für ihre Kunden nicht zu erreichen waren.

Es ist also notwendig, für einen Angriff zu planen, Notfallpläne zu entwickeln und unter Umständen ein Ausweichrechenzentrum in Bereitschaft zu halten. Auch alternative Server sind eine gute Idee, um einen Angriff in der Form von DDOS abzuwehren.

Die Auseinandersetzungen um Ressourcen, um Macht und Einfluss auf unserem blauen Planeten werden im 21. Jahrhundert eine gänzlich neue Gestalt annehmen. Wir sehen die Form dieser Konflikte erst schemenhaft, wie durch ein Milchglas. Aber eines dürfte klar sein: Die Art der Kriegsführung wird in Zukunft eine andere sein.

Anhang A.1: Literaturverzeichnis

[1] Georg Erwin Thaller, *Ressourcen schützen: Die Sicherung von Hardware und Software,* GDdL, 2016

[2] Richard A. Clarke, Robert K. Knake, *Cyber War*, New York, 2010

[3] Vassilis Prevelakis, Diomodis Spinellis, "The Athens Affair", in *IEEE Spectrum,* July 2007

[4] Georg Erwin Thaller, *Spione und Patrioten: Die US-Geheimdienste,* GDdL, 2012

[5] David A. Fulham, "Cyberwar is Official", in *Aviation Week & Space Technology*, September 14, 2009

[6] Edward Lucas, *The New Cold War,* London, 2008

[7] Jennifer L. Bayuk, *Cyber Security Handbook*, Hoboken, NJ, 2012

[8] Marcel Grzanna, Kai Strittmatter, "Die Armee liest mit", in *SÜDDEUTSCHE ZEITUNG*, 20. Februar 2013

[9] „Schatten über dem Parlament, in *SÜDDEUTSCHE ZEITUNG,* 12. Juni 2015

[10] „War was?", in *SÜDDEUTSCHE ZEITUNG,* 5. November 2015

[11] Julie Hirschfeld Davis, "Hacking of Government Computers Exposed 21.5 Million People", in *NEW YORK TIMES,* July 9, 2015

[12] "Barack Obama and Xi Jinping meet as cyber-scandals swirl", in *THE GUARDIAN,* June 8, 2013

[13] Christoph Giesen, "Sieg der Falken", in *SÜDDEUTSCHE ZEITUNG,* 8. Juni 2016

[14] „Schutz gegen Cyberangriffe", in *SÜDDEUTSCHE ZEITUNG,* 10. November 2016

Anhang A.2: Akronyme und Abkürzungen

ACM	Association of Computing Machinery
BSI	Bundesamt für Sicherheit in der Informationstechnik
AT&T	American Telephone & Telegraph
CD-ROM	Compact Disk, Read-only Memory
CPU	Central Processing Unit
DOS	Denial of Service
DDOS	Destributed Denial of Service
EDV	Elektronische Datenverarbeitung
GSM	Global System for Mobile Communications
IBM	International Business Machines
IMS	Intercept Management System
IRA	Irish Republican Army
KGB	Komitet Gosudarstwennoj Besopasnostji
MS-DOS	Microsoft, Disk Operating System
NATO	North Atlantic Treaty Organisation
NSA	National Security Agency
NYSE	New York Stock Exchange
PC	Personal Computer
RES	Remote-Control Equipment System
S-Bahn	Schnell-Bahn
SCADA	Supervisory Control and Data Acquisition

UAV	Unmanned Aerial Vehicle
US	United States
USA	United States of America

Anhang A.3: Glossar

Account	Der einem bestimmten Nutzer zugeordnete Bereich in einem Computer, der in der Regel mit bestimmten Rechten verbunden ist.
Asynchronous Attack	Eine Methode zur Manipulation von Daten eines Computers, wobei sich der Angreifer die Tatsache zunutze macht, dass bestimmte Vorgänge zeitversetzt ablaufen.
Basisstation	Die Komponente eines Funknetzes, etwa beim Global System for Mobile Communications (GSM), mit der ein Mobiltelefon zunächst den Kontakt herstellt.
Batch	Eine Datei, die ausführbare Kommandos enthält, aber nicht direkt aus Binärcode besteht.
Betriebssystem	Software, die die Ressourcen eines Computers für den Anwender nutzbar macht.
Bot-Net	Ein aus gekaperten Rechnern bestehendes Netz, die unter einem zentralen Kommando stehen und dazu eingesetzt werden, Server oder ein Rechenzentrum anzugreifen. Diese Attacke wird als DDOS bezeichnet.
Boot Sector	Die am weitesten außen gelegene Spur einer Diskette oder Festplatte; wird auch Spur Null genannt.
Cookie Monster	Einer der ersten Viren; eher harmlos.
Core Wars	Krieg um den Speicherplatz eines Computers, eines Mainframe.
Cyber Space	Ein physikalisch nicht exakt definierbarer Raum.
Cyber War	Ein Krieg oder Konflikt, der im Cyber Space ausgetragen oder initiiert wird.

Data Diddling	Datenveränderung in einem Computer oder Speichermedium.
Logic Bomb	Verborgene Instruktionen in einem Programm, die durch ein bestimmtes Signal oder nach einer bestimmten Zeit aktiviert werden können.
Scavenging	Das Aneignen bestimmter Daten eines Computers, die üblicherweise für die Operationen nicht – oder nicht mehr von Bedeutung sind und mehr oder minder Abfall darstellen.
Superzap	Ein Werkzeug auf Rechnern von IBM, mit dem Programme und Daten verändert werden können, ohne auf die üblicherweise eingebauten Sicherungen zu achten.
Trapdoor	Falltür; ein verborgener Nebeneingang in das Betriebssystem oder das Programm eines Computers.
Unix	Ein alternatives Betriebssystem zu MS-DOS und Windows.

Stichwortverzeichnis

www.ingramcontent.com/pod-product-compliance
Lightning Source LLC
Chambersburg PA
CBHW071031050326
40689CB00014B/3606

* 9 7 8 1 0 9 5 5 0 6 7 3 8 *